了不起的学习者

Great learners

沈文婷◎著

中国科学技术出版社

·北 京·

图书在版编目（CIP）数据

了不起的学习者 / 沈文婷著 . — 北京：中国科学技术出版社，2023.5（2024.3 重印）
ISBN 978-7-5236-0076-4

Ⅰ.①了… Ⅱ.①沈… Ⅲ.①学习能力—能力培养 Ⅳ.① G442

中国国家版本馆 CIP 数据核字（2023）第 036301 号

策划编辑	赵　嵘	责任编辑	庞冰心
封面设计	仙境设计	版式设计	蚂蚁设计
责任校对	焦　宁	责任印制	李晓霖

出　　版	中国科学技术出版社
发　　行	中国科学技术出版社有限公司发行部
地　　址	北京市海淀区中关村南大街 16 号
邮　　编	100081
发行电话	010-62173865
传　　真	010-62173081
网　　址	http://www.cspbooks.com.cn

开　　本	880mm×1230mm　1/32
字　　数	214 千字
印　　张	10.75
版　　次	2023 年 5 月第 1 版
印　　次	2024 年 3 月第 4 次印刷
印　　刷	大厂回族自治县彩虹印刷有限公司
书　　号	ISBN 978-7-5236-0076-4/G・1006
定　　价	59.80 元

（凡购买本社图书，如有缺页、倒页、脱页者，本社发行部负责调换）

大咖推荐

如果你想进入"学习"这个交叉领域的"游乐园",那么本书是一本合适的"入园手册"。

——采铜 《精进》系列作者

《了不起的学习者》梳理了学习领域的各类基础概念、关键要点、理论模型,并从动力、学习力和品牌力三个角度展开描述,展现了作者了不起的探索与思考。沿着作者提到的三个角度开展实践,你可以开拓自己关于学习的视野。

——Scalers 畅销书《学习的学问》《持续行动》《刻意学习》作者

学渣觉得这个世界是零和游戏,要么你赢,要么我赢。真正掌握学习方法的人,反而觉得这个世界有无限可能。但如果没有学习能力,在这个日新月异的不确定时代,你又如何能避免被人工智能取代?文婷老师的新书,能让每一个人吸一口气(不能回避现实),又松一口气(总有办法解决)。

——秋叶 秋叶品牌、秋叶PPT创始人

庄子说:"吾生也有涯,而知也无涯。以有涯随无涯,殆已!"学习似乎是一件令人绝望的事,因为学到的越多,就越发现自己的有限和无知,越发谦卑,越不会觉得自己了不起。

但学习于人又几乎是本能,在人生的最初几年,大多数人习得了语言、行走、笑和爱这些最基本却最重要的技能。从这个意义上来说,生而为人,本身就是了不起的奇迹。

文婷这本书介绍了作者对于学习的理解,虽然是工具书,但字里行间都能读出她对于帮助他人成为学习者的热情。愿遇见本书的人不仅能习得学习的方法论，也能收获更丰盛的生命。

——小万工　现象级畅销书《拿你所有的，换你想要的》《好姑娘光芒万丈》作者

恰逢人工智能ChatGPT出现，本书让我们重新思考学习这件事。在黄金圈模型What（学什么）、How（如何学）、Why（为什么学）中，相信人工智能在What、How两个层面，在众多领域会带来颠覆性改变，而在最核心的Why层面，人工智能无法取代人类。本书尝试在"内驱力"上进行公式拆解，方便我们从不同维度探索Why。虽然人的内心是复杂的，但是简单的公式让我们可以落地实操，让我们思考"学习"最核心的内容。

——杨洋　北京大学医学博士、前北京大学附属医院心脏内科医生、密歇根大学访问学者、个人知识管理行家

学习是一辈子的事。本书有理论、有方法、有案例，必让你在今后的学习过程中有所收获，并且受益终身。

——师北宸　资深品牌顾问、一把钥匙创始人

《了不起的学习者》基于个人学习、成长经历创作，作者梳理出了一套个人成长进阶路线图和实操方法。她的文字平实有力，设计了"点线面体"的结构，把交付做到了极致。文婷对于社群运营、知识管理、个人成长等方面都有独到的见解和经验，读者读完后不仅能收获知识，还能获得出版图书、设计课程的方法。

本书无论是对于正在追求进步的个人还是企业，都是难得的指导宝典，值得一读。

——欢喜　智能化编程自学平台1024Code负责人

前　言

人生是一场游戏，游戏分为两种：一种是有限游戏，一种是无限游戏。哲学家詹姆斯·卡斯（James Carse）在 1987 年提出这一洞见：有限游戏的玩家是已知的，并且玩游戏的目标相同、规则既定，一旦目标达成，游戏结束。无限游戏的玩家有已知的，也有未知的，游戏虽然有基本惯例但没有确切规则，有广阔的发展空间，却没有明确的比赛周期，游戏的目的就是一直玩下去。

对生活的观察越多，你就越会发现两种游戏无处不在：竞技比赛是有限游戏，体育运动是无限游戏；在学校上课是有限游戏，教育是无限游戏；工作竞争是有限游戏，职业生涯发展是无限游戏；找到伴侣是有限游戏，维护婚姻和家庭是无限游戏；追求赢是有限游戏，追求创造是无限游戏……

幸运的是，**成长是无限游戏**。

在这场游戏中，你无须依靠竞争获胜，游戏没有固定规则和赛程，规模取决于你选择过怎样的生活。

它不同寻常，使得你常有迷思。看似你总在改变和成长，但如果不能掌握一定的规则和具备一定的思维，那么失败率就是100%，你就无法成为了不起的自己（注意是"了不起的自己"，而不是"还不错的自己"）。

你一定觉得我是在危言耸听，但我只是想尽可能射中靶心，让你在成长这场无限游戏中可以充满活力地玩下去。

卡尔维诺（Calvino）曾说："世界先于人类而存在，而且会在人类之后继续存在。人类只是世界所拥有的一次机会，用来组织一些关于其自身信息的机会。"对我们来说也是如此，我们来了又走了，但世界依旧在那里。那么我们存在的意义是什么？我想是拥有一个让世界变得更好的机会。如果生命是一份礼物，那么活出最佳的自己就是你给世界的礼物。

本书就是我想送给世界的礼物之一，在书里我致力于和你一起成为了不起的学习者，加入终身成长这一游戏。

所谓了不起，意味着追求最佳的自己，最佳的自己不一定是拯救世界的好莱坞式英雄，而是能将个人潜能充分挖掘并让其发挥最大价值的学习者。学习者拥有"保持饥饿，保持愚蠢"（Stay hungry，stay foolish）的成长精神。

在总结自己20年求学经历和近10年投入教育与公益事业的经验后，我提炼出以下公式。

了不起的学习者＝动力 × 学习力 × 品牌力

全书分为三大部分，就动力、学习力和品牌力展开描述，结合教育学、心理学和神经科学的相关研究，并搭配一定的教练工具，构建从 0 到 1 的"了不起系统"。

在动力部分，我将分享一套可落地执行的动力系统：动力 = 驱动力 + 目标 + 坚毅力。

在学习力部分，我将提炼一套科学、可实践的方法论：学习力 = 认知力 + 决策力 + 行动力 + 加速器。

在品牌力部分，我选取了知识型工作者最容易实现的个人品牌道路，并提供了一个可行的参考路径：品牌力 = 人品 + 能力 + 作品 + 圈子。

成长是有方法的，学会并掌握成长游戏的规则，就能一直玩下去。

我想说："开始吧！去遇见了不起的自己，在高处驰骋并孜孜不倦，享受生生不息的生命之美。"

现在，请开启这场无限游戏。

岔路口立着一块路牌,

一个方向名为"胜利",

另一个方向名为"满足"。

如果必须选择一个方向,

我们要选择哪一个?

如果选择胜利,

目标就是赢!

当我们冲向终点时,

将会体验到竞争的刺激。

众人聚首,为我们欢呼!

然后一切结束,

曲终人散。

(或许我们希望再来一次)

如果选择满足,
那么旅途漫漫。
有时必须谨慎地踏出每一步,
有时可以驻足欣赏沿途风光,
我们永不停步,
我们一往无前,
众人聚首,与我们同行。

当我们的生命终结时,
在满足之路上的同行者,
没有我们,也将继续前行,
还将激励更多的人与之同行。

——西蒙·斯涅克(Simon Sinek),《无限的游戏》

目　录

第1部分

动力篇

坚信自己可以过好这一生 ———————————— 001

- 第1章　解码动力：力量到底从哪里来？/ 003
- 第2章　驱动力：别再用"胡萝卜加大棒"，内驱才能让人走得远 / 012
- 第3章　目标：超越急功近利，开始你的英雄之旅 / 027
- 第4章　坚毅力：生活更多时候是比拼耐力的游戏 / 042
- 第5章　成长型思维：看看这10个思维陷阱，你是否也遇到过？/ 052

第2部分

学习力篇

成为复杂时代的明白人 ———————————— 061

认知力

- 第6章　解码学习：这个时代，如何打造高价值的学习系统？/ 063
- 第7章　原理：大脑在学习时，究竟是如何工作的？/ 071

第8章 元认知：提高学习效能的最优策略之一 / 086

第9章 认知效率："组块+提取"组合出击，学习效果最佳 / 097

决策力

第10章 秩序：如何让学习更"丝滑"？构建一套根本的学习秩序 / 107

第11章 输入：知识究竟是怎么获得的？获取知识的5个步骤 / 111

第12章 优势：从海量信息中究竟学什么？聚焦你的核心优势 / 121

第13章 阅读：为什么一定要阅读？性价比最高的投资 / 131

第14章 过滤器：怎么判断信息的质量？拥有认知过滤器 / 142

行动力

第15章 整合：不只是导图，思维、情感、行动三合一才有意义 / 154

第16章 织网：学会关联性思考，才能射中学习的靶心 / 158

第17章 情商：决定你走向卓越的真正关键 / 168

第18章 行动：改变并不需要加踩油门，而需要松开手刹 / 178

第19章 习惯：按照清单打钩，每一天都不要断 / 186

第20章 技能：直面变化，把握7Q法则快速上手新技能 / 197

加速器

第21章 催化：触发学习力的4样法宝 / 208

第22章　心流：让学习更在状态的秘密 / 213

第23章　休息：难以进步？你可能是太努力了 / 222

第24章　跃迁：从新手到专家，不只是刻意练习 / 233

第25章　创造力：学习的最终目的是创造 / 245

第3部分

品牌力篇

不断创造你的价值巅峰 ——————————— 255

第26章　解码品牌：个人品牌如何建立？ / 257

第27章　杠杆：建立一套杠杆系统，成倍放大人生价值 / 267

第28章　写作：不要小看"写下来"的力量 / 282

第29章　作品：将你的能力打包封装 / 297

第30章　跨界：不是从零到一，而是举一反三 / 307

第31章　周期：百岁人生，超越多段周期的成长策略 / 316

后　记　学习与生活，都不像公式这样简单 / 325

推荐阅读 / 327

第1部分

动力篇

坚信自己可以过好这一生

> 如果你沿着正确的方向前行,
> 那么你会看到整个世界就像是一座美丽的花园。
>
> ——弗朗西丝·霍奇森·伯内特（Frances Hodgson Burnett）

第1章
解码动力：力量到底从哪里来？

究竟是什么在推动你的生活？

这个迷人的问题，敦促着古今中外的学者与科学家前赴后继地去寻找答案，找到释放生命力量的按钮。

心理学家将这种力量称为"动机"，这个概念看似抽象，**但它其实是三种技能的集合：驱动力、目标和坚毅力**。当我们用技能形容它时，意味着它是可解码的，更是可训练的。

驱动力是"心灵扳机"，一旦扣动，力量迸发；目标是力量奔赴的靶心；坚毅力就是当我们倦怠、焦虑、抑郁时还能坚持下去的保障。

那么具体究竟是怎么一回事？我们一起来看下科学家的说法。

前进的动机心理学

回溯到20世纪中叶，当时的科学家认为，行为主要基于两种动机，第一种是生物性动机，即人类和其他动物会通过进食止饿，通过饮水解渴，通过交配来满足性欲；第二种则来自外在动机，即为得到奖励或避开惩罚而做出特定行为。事实也的确如此，孩子考试考得好，如果有奖励，就会更加努力学习；大人若能实现加薪，工作则会更加卖命。

但是有位科学家的实验打破了这一固有认识，这位科学家就是威斯康星大学的心理学教授哈利·F. 哈洛（Harry F. Harlow）。早在20世纪40年代他就建立了世界上最早研究灵长类动物行为的实验室。有一次，他设计了一个关于学习行为的实验，找来8只恒河猴解锁一个装置。没想到的是，猴子在没有任何人教的情况下自行成功解锁，即便在这期间并没有任何外部奖励，实验后期这群猴子依然会饶有兴趣地解锁。哈洛在他的报告中提出疑问：为什么当解锁装置不会给猴子们来带食物、水和性快感，即没有外部诱因时，学习者（猴子）也可以完成学习并且维持学习呢？于是他提出可能存在的第三种动机——内在奖励，仅仅因为好玩就喜欢做，愉悦感就是奖励。

他进一步研究第三种动机和前两种动机的关系：如果叠加额外奖励，猴子是不是就会表现得更好呢？但是当哈洛投喂葡萄干作为奖励的时候，猴子在解锁装置过程中犯错次数反而变多并且解锁次数反而变少了。哈洛借此发现，显然，第三种动机存在并且并不从属于前两种，它和前两种动机一样强大。遗憾的是，因为哈洛的研究方向并未在动机这个主题上继续展开，这一观点并未产生应有的广泛影响。

20年后,卡内基梅隆大学的爱德华·德西(Edward L. Deci)沿着哈洛的线索,借着索玛立方块拼图实验进一步揭示了一个惊人且矛盾的发现,那就是"奖励会有副作用"。"把金钱当作某种行为的外部奖励时,行为主体就失去了对这项活动的内在兴趣。"德西发现内在动机真实存在,但更为脆弱,只有在合适的环境下才能存在。由此,他和伙伴开启了一生的探寻,甚至为捍卫观点被所在学院解雇,但最终向世界发表了关于驱动力的最新观点,就是"自我决定论"(图1-1)。这一理论成为动机科学的主导理论,颠覆了原有的大部分基本理念。

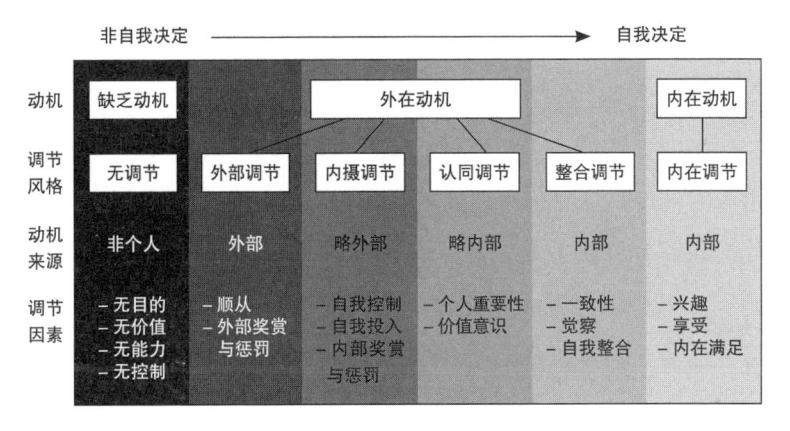

	非自我决定				→	自我决定
动机	缺乏动机	外在动机				内在动机
调节风格	无调节	外部调节	内摄调节	认同调节	整合调节	内在调节
动机来源	非个人	外部	略外部	略内部	内部	内部
调节因素	-无目的 -无价值 -无能力 -无控制	-顺从 -外部奖赏与惩罚	-自我控制 -自我投入 -内部奖赏与惩罚	-个人重要性 -价值意识	-一致性 -觉察 -自我整合	-兴趣 -享受 -内在满足

图1-1 自我决定论图解

注:图片源自《人生模式》,根据自我决定论经典论文(Ryan & Deci, 2000)改编而成。

图片看上去很复杂,但关键要点一句话就能说清,那就是在驱动自己这件事情上,内部力量高于外部惩罚或奖励。

德西和他的伙伴理查德·瑞安(Richard Ryan)解释了**动机有不同类型,但无论在什么情况下,只要基本需求得到满足,内在动机(类似驱动力的表达)就比外在动机有效得多**。

有趣的是,神经科学家可没有停留在这个理论的宏大叙事中,无论是内在动机还是外在动机,他们认为最终是神经化学因素在发挥作用。

用神经科学解锁"动力燃料"

"嘿,起来干活儿啦!"当大脑对你发送指令时,就是在动员你行动了,因此可以说动机本身也是一种信息。

信息,简而言之,由神经电和神经化学构成,负责发送和接收它的便是神经结构和脑网络。

所有神经电信号只负责传递一个意思:继续现在的动作。神经化学信号也很简单,不过可以传递两个意思:继续现在的动作或停止现在的动作。

然而,要想把对应的意思传递成功,需要神经突触的帮忙。突触内的神经末梢有特定形状,而神经化学物质也有特定形状,只有两者吻合时,才会有"芝麻开门"般的解锁效果,实现信息的有效传递。以上传递活动发生在神经结构和脑网络里。

神经结构描述的是特定的大脑结构:岛叶或内侧前额叶皮

层。不同结构执行不同任务，比如内侧前额叶皮层主要辅助人类进行决策和长期记忆。因此，当信息传递到此处时，除了会让人执行动作外，还会有些微妙的动作牵引出"决策和长期记忆"的活动。

脑网络是由直接关联的大脑结构共同构成的组织，或者是可以被同时激活的大脑结构。比如，前面提到的岛叶或内侧前额叶皮层连接在一起并经常同时工作。

神经系统科学家雅克·潘克赛普（Jaak Panksepp）发现，大脑想要激发积极性的时候，会通过七个特定大脑网络中的一个来发出神经化学信息。每一种网络都会产生相应的行为。这七种情绪指令系统如下。

（1）恐惧情绪指令系统，就像"哨兵"一样，帮助我们发现危险并给出警示。

（2）愤怒情绪指令系统，就像"总司令"一样，驱使人们保障、捍卫自己的权益。

（3）悲伤情绪指令系统，就像"能源总管"一样，在我们身体不适时，提示我们需要休息，让我们尽可能身心愉悦。

（4）性欲指令系统，就像"好色之徒"一样，驱使人们繁衍后代。

（5）关怀/养育指令系统，就像"筑巢鸟"一样，促使人们保护和教育后代。

（6）游戏/社交指令系统，就像"开心果"一样，对应充满乐趣的行为，包括玩耍、娱乐和消遣。

（7）探索/欲望系统，又称"奖励系统"，就像"探险者"一样，掌管和好奇心相关的所有事情，帮助我们获取各类生存资源。

当我们谈论动力时，其实更多来自游戏/社交指令系统和探索/欲望系统两种网络系统。

在游戏/社交指令系统中，我们跑跳嬉戏、与人交往，享受快乐的同时也学到了社会的基本秩序；在探索/欲望系统中，我们会产生孜孜不倦的探索行为。在这些行为活动里，大脑会释放两种"奖励性"物质，就是多巴胺和催产素。多巴胺让人愉悦，感受到兴奋和热情，愉悦感会驱使我们做出某些行为，完成后还会强化我们对该行为的记忆。催产素会让人感受到信任、爱和友谊，它"呵护"着我们的爱情、婚姻还有与合作伙伴的关系。类似的"奖励"还有去甲肾上腺素、5-羟色胺、内啡肽和大麻素。它们不总是"单独出场"，常常是一起出现。比如，多巴胺和催产素共同促成我们在玩耍时的快乐感，而去甲肾上腺素和多巴胺则带来创作类的激情。

而有一种状态会让六种激素同时出现，那便是被众多专家、高手追求的心流体验，心理学家将其誉为"幸福感的缘由所在"。**只要我们正确认识并调节上述系统，就能掌控自己的动力系统**，得到想要的状态和结果。比如，你不会觉得自己是悲惨的打工人而是对工作充满激情的创造者。

打造你的动力系统

巅峰表现专家史蒂芬·科特勒（Steven Kotler）结合上述前沿理论和对各领域高手巅峰表现的研究，进一步提出了动力公式，我将其精髓提炼为如下公式。

动力 = 驱动力 + 目标 + 坚毅力

而其中三大要素又可以进一步拆解为下面三个小公式。

驱动力 = 好奇心 + 激情 + 使命感 + 自主感 + 掌控感
目标 = 长期目标 + 中期目标 + 短期目标 + 控制进程
坚毅力 = 意志力 + 思维方式 + 激情

伴随学习，你会发现驱动力可以渐进发展：好奇心→激情→使命感→自主感→掌控感。我会引导你从好奇心开始循序渐进地构建动力系统。**在这个过程中，你将从"有意思"而来，奔向"有意义"而去。** 你也会了解：为什么不要小瞧好奇心这一最容易实现的驱动力？成熟的激情需要什么？怎么找到自己生而不凡的使命，让激情之火越烧越旺？走向自主与获得掌控感的要点是什么？最后引爆最强大的驱动力。

关于目标，你会发现设定目标不是新年许愿望似的"插旗仪式",而是个技术活。你需要三组目标,并学会控制进程。

要想有持续一生的动力,最后还需要坚毅力的帮忙。而其中关键点又在哪里呢?我将在后文中和你分享其中一个关键的思维方式,即成长性思维。

伴随这一章内容的讲解,你会找到动力的神奇"开关",感知挑战与乐趣并存、富有意义和丰富可能性的生命。

我们先从驱动力开始来打造自己的动力系统吧,毕竟只能从它开始。

> **要点提炼**
>
> - 一个公式:动力 = 驱动力 + 目标 + 坚毅力
> - 爱德华·德西的自我决定论提醒我们,内在动机比外在动机有效得多。
> - 当我们在正确方向上努力时,我们体内的基本生物机制会"奖励"我们。

实践练习

- 检视你过往的"动力观",你认为源源不断的动力是由什么构成的呢?

- 列举三段你曾觉得很有动力并获得成功的经历,你认为其中的关键是什么?现在回想起它们的感受是怎样的?

- 你是否认为内在动机比外在动机有效?你是否有因为外在奖励反而损失了动力的体验?

第2章

驱动力：别再用"胡萝卜加大棒"，内驱才能让人走得远

> 我没有特别的天赋，我只有强烈的好奇心。
>
> ——阿尔伯特·爱因斯坦

别再用"胡萝卜加大棒"了

如果时间回到 1995 年，假设你是投资人，我向你描述两个电子百科全书的设计者，你猜猜哪个会更成功？

设计者一：微软

商业巨头，为百科全书提供资金支持并且会雇用专业作者和编辑编写词条，还将高薪聘请专业人士来进行项目管理，保质保量完成百科全书的建立，同步还会销售纸质版、在线版手册。

设计者二：不知名的网友们

他们以写作和编辑为乐，没有任何专业背书，编写百科条目没有任何奖励，但是会投入精力，甚至肯花费一周二三十个小时。这款百科全书会免费向公众开放。

在1995年，如果你是一个头脑清晰的投资人，我想你一定会把我从你的房间轰出去，因为这就好像在问"老虎和乌龟哪个跑得更快？"一样小儿科，毕竟没有人会觉得设计者一不会成功。

然而，你知道吗？2009年，微软终止了百科服务。与此同时，那群你认为无法成事的无名之辈，成就了全球最大、最受欢迎的百科全书，名为"维基百科"，并且活跃至今。

为什么这群不知名的网友会打败商业巨头？他们可是分文未取。这群人的积极性从何而来呢？

商业人士也一头雾水，这就像是在告诉他们牛顿第一运动定律失效了，毕竟"除非受到外力的作用，否则运动物体保持运动，静止物体保持静止"。驱动力难道不应该也是如此吗？有奖励就会提高行为发生频率，惩罚就会降低频率。

牛顿没有错，错的是把人也当物体一样理解。就像上一章中我们提到德西和瑞安关于自我决定论的研究，这种"胡萝卜加大棒"的外驱策略最终会失效甚至有反作用，内驱才能真正让人走得远。

如何引爆你的驱动力？

你手中的电脑、口袋里的手机都有精密的操作系统，你按下开关键时有数千条程序配合启动。类似地，驱动力也有它的操作系统，力量的开启也需要多种神经相互作用。心理学家发现驱动力基于这样的层次：好奇心→激情→使命感→自主感→掌控感，当它们不断叠加后就会引爆最强的力量。

每个人建立动力系统的过程用时不等，也需要探索发现，且只能自己去发现，但是做这件事非常值得。如果没有按序进行，那么就如同那句老话"欠了的总是要还的"，与其经过多年后发现要做基本功，不如现在起就扎扎实实地打好基础。

这个过程其实只需要 4 步（图 2-1）。

第 1 步 激发好奇心：写下你的好奇清单。

第 2 步 创造激情：走出好奇小屋，与人互动。

第 3 步 召唤使命：在激情与目标的交集里发掘使命。

第 4 步 活出使命：在行动中走向自主与获得掌控感。

图 2-1 建立动力系统四步法

第 1 步 激发好奇心：写下你的好奇清单

"从好奇开始？这是 4 岁小孩子才需要做的吧！请给我一些有用的建议！"

不知这是否是你的犹疑，总之在尝试这个方法前我是这样的。会有这样的迟疑，源于我们内心对好奇心的误解。

你担心好奇心会带你偏离生活的焦点，毕竟它就像一场不知终点在哪里的冒险；你担忧要为好奇心埋单的时间与精力，是不是忙碌生活中"奢侈的浪费"；你更困惑在这个"搜一搜"就能找到答案的世界里，好奇心有何用武之地。

可是你有没有发现，是什么让你打开这本书？不就是内心那个对"我的生命还有什么可能性"的好奇吗？

我曾试过各类方法，比如终极思维的"葬礼游戏"、可视化的愿景信，还有教练常用的平衡轮工具，也特别欣赏史蒂芬·柯维用"使命—愿景—价值观"视角来思考驱动力的话题，但是这些方法更适合在第 3 步中使用，我们不会错过。现在，我们还是需要从好奇心这个最容易做到的要素着手，点燃自己的驱动力。

好奇心其实分为"消遣性好奇"（diversive curiosity）**和"认识性好奇"**（epistemic curiosity）**两种**，前者表现为无止境的喜新厌旧，而后者则表现为对事物探索得更深入、更有序，需要付出更多努力，而我们谈论的正是后者。**在这个信息差不断被缩小的时代里，一种新的区分方式出现了——有好奇心的人和没有好奇心的人。了不起的学习者正是享受好奇心红利的人，他们将在深入的研究里悄然建立起专业的护城河。

那么，如何激发你的好奇心呢？很简单，**写下来**。

我以达·芬奇的故事为例说明。

你一定听过《蒙娜丽莎》这幅画，创作者达·芬奇以画家身份被人熟知，但他同时还是科学家、发明家，通晓数学、生物学、物理学、天文学、地质学等学科，又被誉为"意大利博物学家"。

在他遗留在世的手稿中，有这样一页清单：

- 估算米兰市区及其郊区的面积大小。
- 在去科尔杜西奥路上的文具店里找到一本谈及米兰各个教堂的书。
- 弄清楚科尔特维奇亚的大小。
- 让一位数学家来教你如何把三角形变成正方形。
- 询问佛罗伦萨商人贝内戴托·波提纳利（Benedetto Portinari），佛兰德斯那里的人是用什么方法在冰上走的。
- 画米兰。
- 询问安东尼奥大师（Maestro Antonio），堡垒上的迫击炮在白天或晚上是如何定位的。
- 研究贾内托大师（Maestro Gianetto）的弩。
- 找到一位水利学家并请他告知如何用伦巴第族人的方法

维修水闸、沟渠和水磨房。

● 询问太阳的大小。乔瓦尼·佛兰切塞大师（Maestro Giovanni Francese）答应会给出答案。

他似乎渴望了解所有的事情，无论是太阳的大小，还是造水渠和滑冰。他还想要画米兰。这就是达·芬奇的好奇清单。

你的清单又是什么样的呢？像达·芬奇一样不加限制地写下你好奇的事情，并**找找交集**。

为什么要找交集呢？这就和我们大脑的学习方式有关联了，我们在第 2 部分里会分享更多细节。简而言之，找交集本身就是在进行组块式的模式识别，让你的大脑减负又聚焦。而每当识别一种模式时，我们的大脑就会释放多巴胺作为奖励。想想小时候玩"数独"还有"对对碰"游戏时的快乐，你就能明白这一点。

用达·芬奇的清单找交集，你会发现其中不乏很多关于"大小"等数字类的描述，这就不难理解为什么他会通晓数学、生物学、物理学、天文学和地质学了。

达·芬奇也是出了名的勤奋，《列奥纳多·达·芬奇传》记录了他留下的、散在世界各地的笔记就有7200多页。这些笔记包括了绘画、工程、建筑设计、戏剧服装设计等草图，还有科学研究、拉丁语学习、重要事件的笔记，甚至包括待办事情的清单。因为他要忙的工作太多，传说他还发明出了一种睡眠法，让人可以不睡整夜的觉，而是每隔4个小时睡15到20分钟，这样一天下来只需要睡2个小时，能节约大量的时间从事创作。真是比你聪明的人还比你努力。这真正体现了"认识性好奇心"，也点出了激发好奇的清单中我们需要投入关注的点。

每天花20到30分钟做做好奇心清单中和交集相关的事，比如听书、看视频、阅读或是加入一场讨论，做做小练习。目标是每天让你的好奇心得到一点点满足，从而强化大脑的模式识别功能，分泌更多的多巴胺，促进这个循环继续运行。滴水穿石，这种缓慢增长的策略最终会帮你积累足够多的专业知识。

当有了一定的专业知识后，你就可以与人更多地互动分享了。

第2步 创造激情：走出好奇小屋，与人互动

提到激情，你想到的是科比式大扣篮还是《速度与激情》的赛车手，或是在动感单车上挥汗如雨的状态？其实激情不是一瞬间的事情，它是"最初的一点儿发现、随后的大量发展，以及之后持续一生的深化"。安杰拉·达克沃思（Angela Duckworth）在《坚毅：释放激情与坚持的力量》里这样形容：这才是超越三分钟热度的**成熟的激情**。

仅有好奇心无法孕育出激情，在经过第1步后，我们还需要社交反馈的帮助。

当你走出自己的好奇小屋与人互动时，他人积极的关注会使你大脑中的社交系统分泌催产素，和多巴胺一起"奖励"你，

从而创造出信任和爱的感受。这样的感受会巩固我们脑回路里的正反馈，将好奇心转化为激情。这个过程又被称为"米开朗琪罗效应"，即他人的反馈与表扬会"雕塑"我们，令我们更有活力，并在工作和生活中取得成功。

就像达·芬奇的清单，除了蓬勃的好奇心，另一项值得留意的就是他与人的交往。清单共计15项，其中至少有8项涉及请教他人。不难想象，达·芬奇一定是位社交达人。

这个阶段，你不需要做论坛或演讲，先从简单的开始，比如与合适的朋友分享你的想法和收获。如果能幸运地获得肯定和认可，你就能更快告别新手的阶段了。

第3步 召唤使命：在激情与目标的交集里发掘使命

激情是一件私人的事情，只有寻求更强劲的驱动力与超越自身的目标结合时，我们才能收获使命感这款"动力燃料"。

使命感，经由德西与瑞安自我决定论里"归属"概念拓展而来，是指通过某些行为影响他人的欲望。

每个人存在于这个世界都有其独一无二的意义，你本是带着"使命"而来，智慧的犹太人将此称为"召唤"。社会学者马克斯·韦伯（Max Weber）曾表示，"所有的人都有属于他自己的独特召唤，反映出他们自己和这个世界的三个特点：①他们自身的能力；②世界对他们所能提供服务的需要；③他们在以自己的方式服务社会过程中所体会的愉悦感"。要召唤出你的内在使命，需要满足三个条件：①对自己的能力有切实认知；②要了解这些能力如何与世界某方面的需要匹配；③能从发挥个人能力中体会到快乐。

在经过第 1 步和第 2 步后，你已经对自己的能力有所了解。接下来就需要了解这个世界的需要了，我将此过程形容为"宇宙订单"。

请在宇宙向人类派发的这份订单里，尝试写下 10 个你想要解决的全球性重大问题，那些让你茶不思饭不想，觉得如果解决了会让世界变得更美好的问题（图 2-2）。这样做会激发你

图 2-2　可持续发展目标

的行动动机，比如饥荒、贫穷、战争、环境保护、全球变暖、教育公平等。越具体越好，比如：不写环境保护，而是写研发可降解的塑料袋。

然后，从你感兴趣的项目里找交集（图2-3），交集就是你要寻找的目标，这是你可以对这个世界释放的最大善意。

图2-3 在交集中寻找目标

比如，我的朋友对教育公平和医疗卫生问题更为关注，他和伙伴们便建立了一个全球性的公益组织名为"寰宇希望"，旨在为贫困及其他有需要的人士提供持续和高效率的教育和医疗服务。不少父母会带着孩子去参加他们的暑期活动，为东南亚的贫困地区建厕所等。

使命，不仅是企业的安身立命之本，也是你的生命对你独一无二的召唤！

当你活在使命中，使命感也会改变大脑过滤信息的方式，使你的压力减小、复原力增强，并且提升幸福感，拥有马克斯·韦伯所说的"快乐"。

第 4 步 活出使命：在行动中走向自主与获得掌控感

根据德西与瑞安的研究，**当我们做的或感兴趣的事情符合内心的价值观，也就符合了"自主"的内在驱动。**

不过，什么程度的自主才够称为"自主"呢？我们来看看一些公司的案例。

谷歌公司创收最好的产品来自员工"20% 时间"的项目，在这个项目中，员工可以把 20% 的时间用于自己的项目而非公司的项目。谷歌的这个做法其实是借鉴了美国 3M 公司（全称为明尼苏达矿业及机器制造公司），3M 给予员工的自主额度是"15% 法则"。我们现在随手用的便利贴，就是 3M 员工在这个可自主支配的 15% 的时间里发明的，而"只招真正成年人"的有着非凡创作力的奈飞公司，其核心更是让团队专注于寻找最好的、最具备执行力的创作者，然后请他们全职工作，但是公司给他们充分的自由空间，让他们实现自己的理想，从而使员工成为高绩效者。

我们到底需要什么程度的自主？3M 的答案是每周一个下午，谷歌的答案是一周 8 小时，而奈飞的答案是能自定义时间表就可以。

自主是否就是最佳驱动力呢？德西与瑞安继续研究，发现除了"自主"这个层次，还有"胜任"，《驱动力》的作者丹尼尔·平克则将其称为"专精"，后来的研究者更进一步将这种驱动力表述为"掌控感"。**掌控感，就是想把事情做得越来越好的欲望。**

要想实现不断精进的成长，就需要投入。而有效的投入需要不断找到挑战与能力之间的平衡，这个平衡区就是所谓的"心流区"。

《心流：最优体验心理学》的作者米哈里·契克森米哈赖（Mihaly Csikszentmihalyi）表示，获得心流体验的关键在于一个人所追求的目标既不是太容易也不是太难实现，属于"跳一跳能够得着"的范围。这能让个人身心得到延展，让努力本身成为最棒的奖励。这种平衡会带来一定程度的专注和满足，人们深深地活在当下，仿佛忘记自己在工作。

如何启动心流的触发器，我们会在后文"心流"那一章中细细描述。

我想特别强调的是，**心流体验固然美妙，但那只是一瞬间，如果想要达到专精程度，拥有真正的掌控感，就需要日复一日的心流积累。**这也意味着要日复一日地对自己发起适宜的挑战，从而持续保持心流的状态。我会在行动篇里谈到一些技巧，帮助你更好地保持这一状态。

生而不凡

当我们有策略地（好奇心、激情、使命感），自由地（自主感）掌握所需要的技能（掌控感）时，多巴胺会带着它的"朋友们"一同来奖励我们。现在，你会发现**我们身体自带的生物机制不过是"通往卓越"这四个字的另一种说法，是我们与生俱来的优势**。这也说明了为什么当我们偏离这个动力系统时就会付出代价：感到抑郁和焦虑（失去好奇心、激情与使命感），感觉被掏空（被迫工作、没有自主时间），停留在原地，无聊与空虚（缺乏掌控感）。

你生而不凡，请在好奇状态中发现独特的自己，在保持兴奋中收获充满激情的自己，在设定目标时召唤有使命感的自己，在追求自主和掌控感的行动挑战里成为不凡的自己。

这个过程并不容易，还有些漫长，但是很值得，不是吗？

> **要点提炼**
>
> - 一个公式：驱动力 = 好奇心 + 激情 + 使命感 + 自主感 + 掌控感
> - 在信息差被缩小的世界，好奇心将成为新的分界线。追求认识性好奇而不是消遣性好奇，会让人在学习中"深潜"。
> - 成熟的激情超越三分钟热度。
> - 使命感里带着你的生命归属，找到目标就是你对世界表露的最大善意。
> - 自定义时间表能有效提升你对生活的掌控感。

实践练习

- 请尝试按照找到驱动力的行动步骤——书写好奇清单→与人分享你的收获→发现你的使命→投入行动来优化自己的驱动力系统。

　　第 1 步，像达·芬奇一样，列出你想做的事。在这些事情中找找交集，看看自己最感兴趣的是什么。在接下来的一周每天花 20 到 30 分钟看看有关的信息。

　　第 2 步，一周或是更长时间后，与朋友分享你的收获，或是在平台上分享收获。请列出你想分享朋友的名字或是平台的名字。

　　第 3 步，你相信自己的每一分努力都会使这个世界更美好一些吗？参考可持续发展目标，看看你正在做的事中有哪些和这些改变世界的大目标有关？激发自己的行动动机。

第 4 步，请在时间表中列出"属于自己的时间"，保护它，并在这个时间里安排生活与工作事项，而不是被生活牵着鼻子走。做好这一步，你的掌控感就会大幅提升。

第3章

目标：超越急功近利，开始你的英雄之旅

> 进入你的内心，认识真正的自己，思考自己应该成为怎样的人。
>
> ——杰迈玛·威尔金森（Jemima Wilkinson）

目标是我们"安放"激情与使命的所在。

"一个人没有目标，就像是一艘船没有舵。"大约200年前，苏格兰史学家和哲学家托马斯·卡莱尔（Thomas Carlyle）就道出了目标的意义。近代以来，科学研究和大众也越发关注目标的重要性。全球畅销书《标竿人生》（The Purpose-Driven Life）的作者华理克（Rick Warren）更是表达"我们活在世上的核心任务就是寻找目标"。

人需要目标，这句话听起来如此稀松平常，但为何会引发众多讨论？这现象本身就说明我们在实现目标的过程中存在迷失与迷思。除去外部环境的因素，还有一个原因是设定目标本

身就是一个复杂的技术活。

重新认识目标

在认真研究目标这个主题前，也许你和我一样，没听说过目标设定理论，但了解许多畅销书籍的观点，比如：写下来的目标更容易实现、SMART原则[①]、吸引力法则等。其中有些方法我践行并成功了，而对另外一些方法我持开放态度。在过去几年辅导大学生和职场新人的过程里，我发现目标就像是望远镜，设定目标的不同决定了看到的世界不同。**它不仅决定你的视野，还决定了你看待事物的方式——你注意到什么，又如何理解注意到的信息。** 有时，即便两个人拿到相同的结果，过程中的收获也可能十分不同（图3-1）。

权威心理学家、教育家威廉·戴蒙（William Damon）综合全球研究共识，将目标本质定义为：**为了完成对自我有意义，同时对自我之外的世界也有意义的事情时，产生的稳定且可概括的意图。** 这和我们日常所提到的减肥10千克、完成研究生学

---

① SMART原则是一种目标管理方法，由管理学大师彼得·杜拉克提出。S指Specific，强调目标是具体的；M指Measurable，强调目标是可衡量的；A指Attainable，强调目标是可达到的；R指Relevant，强调目标要具有相关性；T指Time-based，强调目标必须具有明确的截止日期。

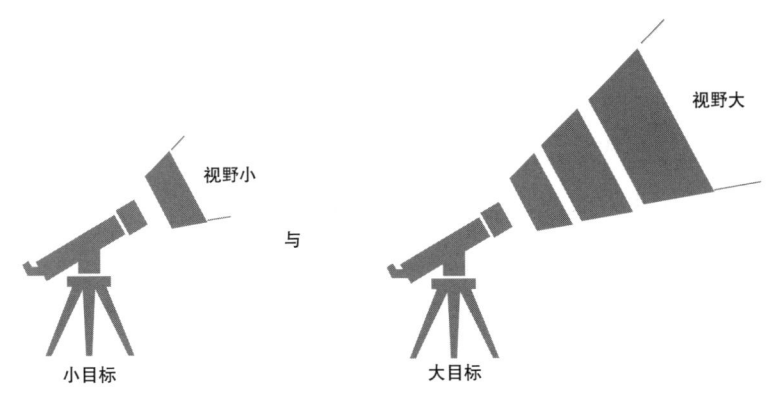

图 3-1 视野决定看待事物的方式

习的目标还是有很大不同的,它道出了目标的特质:**从自我出发,但又超越自我,并且稳定、清晰、可描述。**

"目标设定理论之父"爱德温·洛克(Edwin Locke)和加里·莱瑟姆(Gary Latham)提出"确定目标是强化动机和提高表现最简单的方法之一"。他们发现,**并不是所有目标实现的效果都一样**,并将目标从过程的角度分为两种类型:学习型目标和绩效型目标。

学习型目标描述的是一个人从 0 到 1 完成一个目标的过程,因为不确定投入的时间和策略,所以这个过程会显得生疏,可能这个人还不具备技能来快速实现目标,或者根本实现不了目标。这种情形下,"全力以赴"是值得肯定的策略,如果因为结果不如意而表明"我尽全力尝试了"是可以接受的态度。而绩效型目标是对"尽最大的努力"的进一步拆解,它需要确定时间期限和期望值、讲究策略。比如,把各种解决方案都拿出来进行头脑风暴和探讨，然后逐一与专长、时间、精力进行匹配试验，进一步提升成功率。

但洛克和莱瑟姆发现，"**如果想要最大限度地提升生产力，大目标带来的成效明显优于中小目标**"。即使是在新手学习的情形中也是如此。这和"取法于上，仅得为中，取法于中，故为其下"（唐·李世民《帝范·卷四》）说的是一个道理。

有意思的是，社会心理学家海蒂·格兰特·霍尔沃森（Heidi Grant Halvorson）多年全职研究目标这个主题时进一步发现，**让挑战者跨越实现目标过程中的困难的微妙奥义是动机**。她将目标从动机的角度进一步分为了"表现型目标"和"进步型目标"，设定表现型目标倾向展现能力赢得外部认可，而设定进步型目标倾向内在驱动，想弄清学习技能本身。比如，同样学习英语，"我要在本次考试中得A"是表现型目标，而"我要在不同情境中用好英语"则是进步型目标。

她的发现源于这样一个实验：

请两组学生玩同一个拼字游戏，完成得好就可以拿高分，并有机会转化成学分。但开始前，研究者对两组学生传递了不同的游戏目的。研究者告诉第一组学生，我们是要比较你们解决问题的能力；而告诉第二组学生，你们的目标是弄清楚怎么能把这个游戏玩好。接到指示后，第一组学生拼命拿高分来证明自己，而第二组学生更多的是在总结经验，争取下次玩得更好。结果发现，当游戏难度较低时，第一组成绩比第二组成绩高得多。但随着任务难度增加，第二组表现更优。

那设定目标的策略是不是应该根据任务的难易程度来调整？

心理学家更进一步做了一次实验，这次研究者不仅让题目难度动态变化，还加入了一些根本没有答案的题目。结果发现，那些想弄清楚游戏怎么玩好的人并没有受到干扰，表现得同样稳定。而那些只想拿高分的人，一遇到困难，解题水平就严重下降。

所以，霍尔沃森得出结论：设定"表现型目标"的人可能在初期表现得很好，但一旦难度升级，他们的表现就更容易出问题；而设定"进步型目标"的人可能慢热，但只要他们掌握解决问题的精髓，就能够持续稳定地展示高质量表现。

这也是为什么在遇到严重挫折时，有些人特别容易受打击，甚至还可能因此萎靡不振，而有些人会把注意力更多地放在解决问题上，勇敢地走出困境。这可能是因为他们初期的目标就是不同的。

还记得我在前言分享的"了不起的学习者玩的是无限游戏"吗？**如果希望拥有长期优势，我们应尽可能避免急功近利，多设立"进步型目标"，并努力获得"绩效"。**

目标层级体系

我结合上述定义和分类，根据投入时长，将目标分为长期目标、中期目标和短期目标，分层级进行设定。针对每一层级，分配对应策略，即"找到唯一、成为第一、活在每一天"，我称它为**"三个一策略"**（图 3-2）。

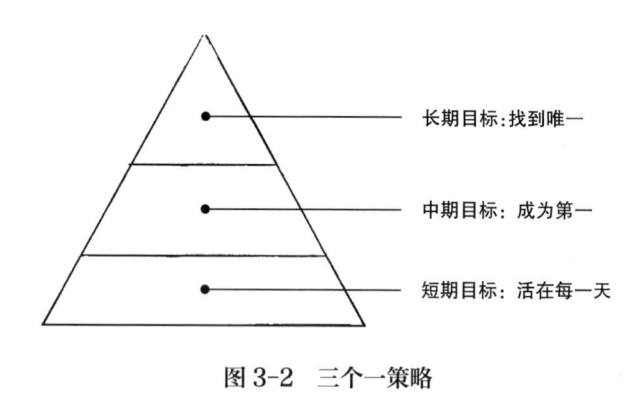

```
         /\
        /  \  ——— 长期目标：找到唯一
       /————\
      /      \ ——— 中期目标：成为第一
     /————————\
    /          \ ——— 短期目标：活在每一天
   /————————————\
```

图 3-2　三个一策略

长期目标：找到唯一

长期目标其实就是我们上一章里提到的使命，它看起来宏大且难以实现，却是我们来到这个世界的缘由，是属于你生命的"唯一"。

很多人面对使命这个话题时选择逃避。比如，当面对有吸引力的目标时，人们有时爱说"不"。目标设定理论的提出者加里·莱瑟姆就发现，人们会不愿冒险尝试实现艰难目标，原因在于他们不想让自己失望。"毕竟，如果你不去摘星星，哪一天你发现自己摘不到，也不会感到难过"。还有的人则处在漂泊、迷茫的状态，不知道从何处下手。还有些人做不到像马克斯·韦伯提到的将"自我认知"和人们对"带有目标感的服务的需要"两者配对。很多人选择了带有浪漫幻想色彩的职业，但并不清楚自己具体要做些什么，也不知如何求助。很多人有着不切实际的野心，这和他们的实际能力并不沾边。例如，一个资质平平的高中体育生梦想成为梅西式的球星。

这也是我们在谈论驱动力时要从好奇心开始去发现使命的缘由，毕竟不基于自我认识的目标是空中楼阁（关于自我认识的话题，我们也会在"优势"一章中分享更多）。

至于怎么找到"唯一"，我必须承认这的确不容易，或许还会动态发展，因为目标的设定其实和一个人的阅历、眼界及胆识相关，但是请不要停止找寻。和你分享我曾尝试过的3种方法，它们各有千秋，但正因为这个"唯一"非常重要，所以值得把这3种方法（甚至更多方法）都试一遍，找到适合你的那一种。

（1）**宇宙清单配对法**。在驱动力一章里我曾分享一种"宇宙清单配对法"：先写下当前世界的需要，即使它显得过于宏大也没关系，之后再和你的激情进行配对找交集。这个交集不要多，一般1~3个就足够了。当你发现你的激情可以使你参与整个地球人类进步当中时，你就成了一种史诗级叙事般的存在，这会极大地激发我们的生命热忱。

不过也有朋友反馈,交集实在太难找了,没关系,你还可以试试"洋葱追问法"和终极思维的"葬礼游戏"。

(2)洋葱追问法。拿出一张纸,然后拿出完全空闲的一个小时时间,关掉手机,关上房门,保证这一个小时不受任何打扰。然后准备一张白纸和一支笔。在白纸最上方的中央位置写下一句话:"我活着是为了什么?"面对问题,诚实地写下你脑中闪过的任何一个想法。比如,"财务自由",或者"成为××领域领军人物""不辜负父母"等,并不断重复这个步骤。通过一层层"为了什么"的追问,写下那个触动你内心的答案。你将在不断重复里"去伪存真",内心深处的答案也会慢慢浮现。

(3)葬礼游戏。你还可以试试"终极思维",它和史蒂芬·柯维在《高效能人士的七个习惯》里"以终为始"的思想异曲同工,以"葬礼游戏"的场景代入。想象一下,你来到自己的葬礼上,听到亲爱的朋友们诵读着你的生平描述:

"_____(你的名字)是一个_____的人,家庭中_____,工作中_____,一生中_____,留下了_____。"

在墓志铭上,用"_____"这样一句话形容你的一生。

当你极度认真地完成这份"人生答卷"时,它将成为你人生的重要参考。站在生命的终点回望这一生,墓志铭上的那句话是你对自我实现的真正渴求,而这有限人生经历的酸甜苦辣好似唐僧师徒的九九八十一难,助你最终取得生命的真经。

如果暂时没有找到你的"唯一",没关系,先从书写好奇清单开始,最后你会发现,人生的每一段经历真的犹如史蒂夫·乔布斯(Steve Jobs)所说,是"一颗颗珍珠,最后被时间这条链串成美丽的项链"。

以我自己为例,面对有限的人生,我常问自己:"我因什么而活着?"在 28 岁的这一年,我越发清晰地体会到这个问题的答案——"自己成长并帮助他人"。因此,我对于"人究竟是如何成长的?"这个话题充满热忱,乐意探索,并明白良好的成长包括三个重要元素:知识、爱与时间。故此,我的长期目标目前有 3 个:推广"终身学习并且科学学习"的理念,做一个懂得爱并能给予爱的人,成为有深刻影响力的作者。

长期目标的实践将贯穿我们的一生。别想在这个部分偷懒或者跳过,它犹如指南针一样,让我们不偏离"意义"的方向。

指南针引领我们在意义的航道上起航,但不代表这一路就将一劳永逸、一成不变。面对一路的平顺与风浪,还需要因时制宜的中期目标来引领生命的船只继续前进,决定我们一路上有所为,有所不为。

中期目标：成为第一

中期目标是一个高难度的目标，可能需要我们花 5 到 10 年的时间才能实现。这个阶段的策略，我称为"成为第一"，通过 5 到 10 年的努力让自己成为某个细分领域的"头部玩家"。

在这个阶段，你可以采用**目标倒推法，从未来一步步倒推到今天，按照时间来分解目标**。目标倒推法能帮助你拆解目标，初步搭建完整的目标层级体系，把你的终极使命和今天的行动紧密地联系在一起。

著名演员周迅曾写过一篇文章《想想十年后的自己》，在文中她说自己在 18 岁之前不知道想要什么，每天和同学唱歌跳舞，有戏拍就很开心。直到专业课老师问她："你希望 10 年后的自己是什么样？"她才意识到自己其实渴望成为最好的女演员，同时发布一张个人专辑。老师顺势带她倒推目标：假设 10 年后梦想实现，那么 27 岁除了拍戏，一定还要有一个完整的音乐作品；25 岁就要精进演艺事业并开始录制音乐作品；23 岁就必须接受各种培训和训练，包括音乐上和肢体上的；20 岁就要开始作词作曲，在演戏方面要留意演大一点的角色了。周迅形容自己在那一刻，整个人都"觉醒"了。

周迅的老师就是用目标倒推法，唤醒了未来的影视天后。对于中期目标，你也可以这样操作：分解目标，确定每一个关键节点需要达到的阶段性目标。

你可以列一下：

5年后，我可以做到什么？

今年，我可以做到什么？

这个月，我可以做到什么？

这个星期，我可以做到什么？

今天，我可以做到什么？

有些人会在分解目标的过程中遇到困难，不知道如何倒推到某一年或是某个星期。这是因为他们对自己的成长路径规划得不清晰，这时，最好的方式是请教过来人，参考他人的"成功路径"，找到自己的关键节点。

短期目标：活在每一天

你需要精心制订自己的每日行动清单（to do list），清单应该符合两个特性：第一，它是工作与生活的规范化描述；第二，方便查看。

建立一个简单的总清单，它比零散的各样便利贴、记事本和电子邮件要好用，因为这些零散的载体很容易被遗漏和忽略。有了每日行动清单，我们就能快速确定可以完成哪些任务。此外，如果临时有新的待办事项，也可以及时添加，不必费脑子记住它。

每日行动清单可以有多种形式：可以是随身携带的小记事本，也可以是在线使用的任务管理软件、手机应用。**我们只用**

做两件事：检查清单和划掉待办事项。这样一来，我们的大脑就得到了解放。

在执行清单过程中，要注意以下 4 个关键点。

（1）**了解自己的极限**。比如：自己的"黄金时间段"（精力最好、生产力最高）是什么时间？一天能做的任务总量是多少？在黄金时间做最重要的事，不超过自己的负荷，避免产生健康负担。

（2）**在开始执行清单时，先做最重要的事**。

（3）**一次只做一件事**。

（4）**预留"弹性时间"**。如果有人有事想找你聊聊，而你现在在忙，就可以将沟通时间安排到"弹性时间"。如果你今天没有事，那么利用弹性时间休息一下也是不错的选择。

如何高效推动目标实现？学会找"杠杆解"

不管是哪一层目标，都由许多的"待办事项"构成，我们需要记得**成功并不是做越多事情越好，而是做最重要的事情**。

《最重要的事，只有一件》作者加里·凯勒（Gary Keller）和杰伊·帕帕森（Jay Papasan）也反复提醒我们，"做了最重要的事之后，其他事情会变得更简单或者不必要"，也就是**找到事情的"杠杆解"**。因此，请放下"多"这个误区，把精力放在最重要的事上。

杠杆解可以由杠杆率来衡量，杠杆率由一个简单的公式决定，就是单位时间的投入所产生的价值或影响。

杠杆率 = 产生的影响 ÷ 投入的时间

换句话说，杠杆率就是时间的投资回报率（ROI）。卓有成效的工作者不是通过工作更长时间完成更多的工作，而是将有限的时间投入最有价值的工作。因此，杠杆率是衡量效率的标准，也是判断一件事是否有价值的参考标准。

无论你的目标是什么，你都无法摆脱时间的限制。我们可以**用3个问题来评估正在进行的事项：①如何在更短时间内完成这一事项？②如何增加这件事的价值？③是否有其他事项可以在当下创造更多价值？**

掌握了"杠杆解"这个关键技巧，你会发现每日行动清单变得简洁了。

尽管许多人经常被鼓励追寻自己的命运，不管过程如何艰难也要开启自己的英雄之旅，但真正能做到的人，简直是凤毛麟角。很多人的目标设置是不合理的。合理的目标设定应当包括一组三个层级。**成功的路上其实并不拥挤，要避免急功近利，找对目标，活出唯一，成为第一，并持续地活在每一天就是了。**

下一章，我们将更进一步，聊聊怎么避免日复一日的重复与无聊，拥有坚毅力这个话题。

> **要点提炼**
>
> - 一个公式：目标 = 长期目标 + 中期目标 + 短期目标 + 控制进程
> - 采用"三个一策略"来设定目标，即找到唯一、成为第一、活好每一天。
> - 提高每一天目标达成率的关键在于找到事情的"杠杆解"。

> **实践练习**
>
> - 检视你对目标的理解，思考过去你设置的目标是什么样的，完成度如何。
>
> - 尝试按照宇宙清单配对法、洋葱追问法、葬礼游戏的方法，来"找到唯一"。在书写的过程中，体会这个"唯一"对你未来的生活会产生什么影响。

- 看看自己的计划，想想过去的 5 到 10 年，你的努力帮你成就了什么，未来的 5 到 10 年，你想成就什么。试试目标倒推法，倒推回到今天的你应该做些什么呢？

- 你是否有自己的总清单列表？如果没有，那就先建立一个 1.0 版的总清单列表吧。

- 回顾一下今天的行动清单，想一想有没有更好的"杠杆解"。

第4章
坚毅力：生活更多时候是比拼耐力的游戏

> 耐心和持久胜过激烈和狂热，不管环境变换到何种地步，只有初衷与希望永不改变的人，才能最终克服困难，达到目的。
>
> ——儒勒·凡尔纳（Jules Verne）《海底两万里》

不屈不挠的坚毅力

"坚毅？！"，从某种程度上来说，我不得不承认这个词听起来有点老掉牙，不就是吃苦耐劳吗？事实上它并非如此简单。经过近年来的研究，人们发现其内涵非常丰富、深刻。

安吉拉·达克沃斯是一名研究"坚毅"主题的心理学家，也是著名的麦克阿瑟天才奖得主，被视为"天才中的天才"。她在执教七年级数学时曾觉察到一个现象，即最聪明的学生往往不够努力也不是最拔尖的。于是她开始深究到底是什么决定了成功。因为坚信努力和勤奋的价值，她设计出一个简单的坚毅量表来测量一个人的坚毅值。后来证实，这份测量表堪称"预言家"：在西点军校，这份测试比学校本身严格的筛选机制更能预测新兵当中谁能通过残酷训练；在商界，达克沃斯和团队使用坚毅量表可以确认哪些销售员能够赚大钱，哪些会丢饭碗。最终，她将**坚毅定义为对目标的长期热情和毅力**。

"热情与毅力的交点"这个定义并不能满足神经科学家的需求，各领域的顶尖高手也从未停止对坚毅的探索。从神经生物学的角度来看，培养坚毅力的秘诀在于我们大脑前额叶皮层的两个主要的高级认知功能，即"目标导向行为"和"自我调节"。前者包含了我们为实现目标的所有行动，而后者是前者的衍生概念。具有坚毅品质的人在坚持完成具有挑战性的任务时，其右背内侧前额叶的静息态自发活动更平稳。而这一现象和前文我们所提到的挑战难事时身体会奖励多巴胺有关。毕竟，当一个人挑战难事成为习惯时，他就能做到即使不刻意思考也能完成任务，当然，其大脑相关活动区域也会更加安静。

结合心理学家的定义、神经科学理论还有采访研究体育界顶尖高手的训练方法后，巅峰表现专家史蒂芬·科特勒更进一步将坚毅力细化为6种类型，分别是：①不屈不挠的坚毅力；②控制思绪的坚毅力；③克服恐惧的坚毅力；④在最糟糕的情况下做到最好的坚毅力；⑤针对弱点进行训练的坚毅力；⑥恢复元气的坚毅力。

这每一种坚毅力都需要单独训练,而一个真正的顶尖高手往往会"六箭齐发",一个都不放过。其中③④⑤的训练要诀是"迎难而上",视弱点、恐惧为指南,把最糟糕的情况当作训练机会,进行针对性练习。而⑥的要诀是"学会好好休息",这点我们将在"休息"一章中分享更多细节,本章中我们重点来看不屈不挠的坚毅力的培养方式,下一章中重点来看如何控制思绪。

坚毅力 = 意志力 + 思维方式 + 激情

让我们逐一来看这些要素。

意志力

意志力和我们平时所说的自制力是一回事,拥有它我们就可以保持专注、排除干扰。

作为意志力领域的领军者,美国佛罗里达州立大学教授罗伊·鲍迈斯特(Roy Baumeister)曾提出"意志力如同肌肉"的理论,并将意志力水平和精力水平进行关联研究,发现**"意志力是一种有限的资源,会随着时间的流逝而减少"**。这一发现有效解释了为什么我们节食减肥时能够忍住一整天的大部分时间,却会在睡前吃一大包薯片的现象。他还发现,休息、进食、笑，以及亲眼看着其他正在健身的人们，可以使意志力得到补充。

为了有效发挥你的意志力，你可以做四件事（图4-1）。

· 节约决策精力
· 要事先行
· 及时休息
· 拒绝酒精

图4-1 发挥意志力的四大方法

（1）**节约决策精力**。不为每天生活的细枝末节而分心，能授权的事就交给别人。曾任美国总统的奥巴马为简化工作、提高效能，对于那些不必他自己做决策的事，他都交由别人打理。日常他只穿蓝色或灰色的西装，吃工作人员安排的食物，至于穿什么袜子，每天什么时候要到哪里去等事情，他一概交出去。他必须集中精力来思考只有总统才能决定的大问题。因常年只穿白色T恤衫而出名的元宇宙公司（Meta）创始人扎克伯格也是如此。如果生活中没有授权条件，你可以试着把自己的日常"程序化"，比如固定食谱、固定时间健身、固定穿搭等，这能有效保存精力。

（2）**要事先行**。随着时间的推移，你的意志力会减弱，因此，确保你把最优精力放在了最重要的事上。

（3）**及时休息**。比如，小憩15到20分钟、吃点美食、和朋友一起运动等都可以帮助我们适当恢复意志力。

（4）**拒绝酒精**。削弱意志力的最大元凶是酒精。事实证明，在酒精的作用下，我们对酗酒、暴饮暴食、乱花钱等各类自我毁灭的行为都将难以说"不"。

思维方式

关于思维方式，我的导师曾有句话铭刻我心，"**你相信什么，就会成为什么！**"（You are what you believe in!）（图4-2）。你如何看待自己的智力、性格和能力，会深刻影响你的生活方式，它决定了你看待努力和失败的态度，从而决定了你是原地踏步还是大幅进步。这也是斯坦福大学心理学家卡罗尔·德韦克（Carol Dweck）在《终身成长》（*Mindset*）中得出的结论，书中总结了她20年来对人们关于自我认知和信念的研究。

只要改变观念，相信自己就可以了

图 4-2　信念决定了你是谁

德韦克发现，人们一般有**两种思维方式，即固定型思维和成长型思维**。采用固定型思维的人坚信"人的能力先天注定"，聪明与否后天无法改变，他们认为失败是因为能力不足。所以，这类人坚持做自己擅长的事情，以验证自己的智力水平。在成长中他们更容易放弃，而这进一步让他们认为自己的失败是因为能力不足而非不够努力。相反，**采用成长型思维的人相信自己的智力和技能可以通过后天努力获得提升。** 他们起初或许能力不足，但他们视挑战和失败为成长的机会，因此不会轻言放弃。

只要改变观念，相信自己就可以吗？是的，就是如此简单！这不禁让我想起在某本书里看到的一个小故事，一位 90 岁的老奶奶最后悔的事情是，"如果自己 60 岁那年下决心学小提琴，那么她现在就有 30 年的经验了"。

你看，思维方式就是这样悄无声息地影响了一个人。**其实我们想做什么、想成为谁就去做，什么时候都不晚。岁月并不可怕，可怕的是你认为自己已不能再改变，再没有其他可能性了。**

激情

本书从创造激情开始探讨，在坚毅力这里我们再次提及它，这也是我们要从一开始就关注它的原因。

激情，可以是乔布斯式"追随你内心热爱"的呼唤，也可以是爱因斯坦在黑板上对方程式的挥斥方遒，还可以是科比"你见过凌晨三点半的球场吗？"的投入，但它更是一个小男孩触碰一串代码时的悸动与好奇，对天空的遐思与追问，更是把篮球投进筐的**不断积累的小小胜利**。

成熟的激情并不像烟花般灿烂，它始于最初的一丁点儿好奇，随后获得大量投入与发展，之后会持续一生进行深化。它一开始的样子甚至可能让你认不出它，在追寻它的过程中你也并不一定快乐，还可能伴随着失败与困惑，甚至长久没有结果，只因你一次次对自己发起挑战，将自己的生活调整到困难模式。但是当你投入其中，"心流时刻"出现了，当下的满足与幸福感可以抵消一部分痛苦，让你可以积蓄力量再次出发。

你必须知道，如果想持续不断地完成一个又一个挑战，不能只依靠意志力，还要设法让任务变得有趣、有意义并且定义明确。于是你拿出待办清单，在意志力的初始作用下划掉一个又一个目标，此刻多巴胺带来成长的奖励，让你在这一轮又一轮的奖励循环里不断升级，养成不加思考就能挑战自己的习惯，于是你从困难模式进入新的舒适区。这时，你回望当初那个小小的"有意思"的开始，一路跌跌撞撞，发现自己一不小心坠入了"有意义"的怀抱中。

培养坚毅力最好的方式就是培养自己的运动习惯或是在一个有难度的目标里持续投入。

当我在目标层级中写下"要成为一个有深刻影响力的作者"时，距离我对写作真正感兴趣的起点时刻已经过去了6年。这期间，我通过记笔记、日记，分享，做微课，阅读，听演讲，和作家朋友交流等方式为那一点点好奇心之火添柴加薪，让它保持不灭，毕竟整个学生生涯我最头疼的事之一就是写作文。2019年，我拿到第一笔获奖稿费；2020年，新冠肺炎疫情严重，我拿起笔沉淀思绪表达观点；2021年，我和1000位小伙伴交流写作。今天，我让读书写作成为自己生命的一部分，我知道"时候到了"。兴趣已经发展成有忍耐内核的激情。我写下出版第一本书的目标，决意用文字的方式基于自己擅长的领域与这个世界对话。倒推"选题—大纲—章—节—积累素材"到"每天至少要有1小时写2000字"的待办清单，时间又过了1年。写作是智识的狂欢派对，但也是一个人孤独的苦差。为了促使这项目标的达成，我把写作放在早上进行，以确保我可以有所投入。删删改改，改改删删，今天终于和读者欢喜相遇了。

在平凡的日常里，打败我们的有时不是巨大的失利，更多时候是无聊，是乏味，是无数个微小的挫折，是未知结果的日日夜夜，但请为那些小小的、渐进性的胜利而努力。去学习坚毅，学习掌控自己的思绪，学习构建意义。"如果你不愿意"，如同大卫·福斯特·华莱士（David Foster Wallace）在《这就是水》中的预警，"你将会在成年生活中彻底失败"，你将过得空虚、以自我为中心、成为思维的奴隶。

公平又可爱，人人可得

如果说时间让肉体衰老，那么放弃则让灵魂衰老。百转千回，在这个不确定的时代，获得长久动力的秘诀之一再次回到这朴实无华，名叫"坚毅"的答案里，有几分"蓦然回首，那人却在灯火阑珊处"的感觉。它因好奇而来，经由开放的思维，往激情处去，最后你会发现，生活有时就是一场比拼耐心的游戏，投入其中的人会得到最大的奖励，成功只是它的副产品。更加幸运的是，坚毅与你的出身无关，与你的智力无关，与你开始做一件事的早晚无关，它的公平又可爱之处在于无须与生俱来，人人可以习得。无论年龄多大，无论要求多高，无论能力如何，你都可以通过坚毅和时间做朋友，最终遇见了不起的自己。

要点提炼

- 一个公式：坚毅力 = 意志力 + 思维方式 + 激情
- 意志力是有限的，也是可以锻炼的。学会优化决策过程并减少思维内耗，在每一天微小的胜利中积累激情，就可以有效提升坚毅力。
- 想要提升坚毅力需要和时间做朋友。成长型思维会帮助你走得更远。

实践练习

- 请参照你的日常生活的时间流,看看哪些决策是可以程序化的。比如点菜、固定的生活习惯、穿搭等。

- 请回想从过去到现在,什么是你坚持最久的事,为什么,如何让它们持续得更久。

- 请写下一件你想长期坚持的事情,对自己说"现在就是最好的开始""我可以的",以培养自己的成长型思维。

第5章
成长型思维：看看这10个思维陷阱，你是否也遇到过？

> 人是一个统一的个体。一个人不可能某一部分做着正确的事情而另一个部分做着错误的事情。
>
> —— 圣雄甘地（Mahatma Gandhi）

"看见"那个瓶盖

相信自己可以改变是成长的第一步，也是成长型思维的精要所在。

信心能化无形为有形，它既可以是我们心中的愿景和目标，也可以阻碍我们的前进和发展。如果没有信心，你就只能看见眼前的一亩三分地，让表现受限。

为了更好地解释这一点，让我们来看一个流传已久的跳蚤实验：科学家将一群跳蚤放进了一个没有盖的玻璃瓶里，一拍桌子，跳蚤全都跳了出去。后来，科学家把它们全部放进玻璃瓶里但在瓶口加了一个盖子。跳蚤继续跳，但只能跳到瓶口的高度。几天后，科学家把盖子拿开，却惊讶地发现，跳蚤全都跳不出去了，只能跳到瓶口处，尽管限制它们的盖子早已不存在。

心理学将这种"最后跳不出去瓶口"的现象定义为习得性无助。请留意，这种"无助"是"习得"的，换句话说，限制有时是"学"会的。"你就是这样一个人""做到80分就行了""这个世界就是这样的，改变不了""如果……，就会……"，我们被环境影响，最后，就像那个原本可以跳2米的跳蚤一样，只能跳50厘米高。我们还以为这就是自己的极限。

人比跳蚤更聪明也更高级，然而我们也会被看不见的"瓶盖"欺骗。在我们改变自己的过程中也有无形的盖子（图5-1）——"什么是可能的，什么是不可能的"。在那里，它悄无声息地划

图 5-1　看不见的"瓶盖"

定了我们人生可能性的疆界。

人生最遗憾的事之一就是"我本可以",而解决之道就是,"看见"那个瓶盖,知晓这是"陷阱",不是真的,别上钩!

识别常见的思维陷阱

思维陷阱是一种扭曲的思维方式,医疗术语称它为"认知扭曲",心理学则称它为"思维陷阱"。当我们掉入陷阱时,我们的思想就像使用过美图软件的照片一样,扭曲了事实。

而这些不准确的想法会强化我们消极的思维模式,因为负责思考的大脑每天要接收大量信息,但信息要经过的第一个系统就是负责生存的信息指令系统,经由"危险探测器"杏仁核的过滤,杏仁核更容易识别负面信息,因此,当我们对扭曲的想法不加分辨地相信时,我们的大脑就会被这些想法"绑架",进而固化。

认知行为治疗的鼻祖亚伦·贝克(Aaron Beck)和著名的心理学家阿尔伯特·艾利斯(Albert Ellis)等人总结了人们经常遇到的思维陷阱。下面我将为你列出 10 种最常见的思维陷阱。

陷阱 1:快速判断

在没有事实依据的情况下就快速得出某个结论(通常是负

面的）。

例如，你给朋友发了一封长信，但是对方回复比较迟。于是你想"×××那么晚回复我，一定是不在乎我"。而实际上对方很关心你，在繁忙的时间表里仍然惦记你并做了回复。

陷阱 2：隧道视野

像在隧道里一样，只看到局部而看不到全局，一叶障目，不见泰山。

例如，贪小便宜、揠苗助长、杀鸡取卵等行为，只能看到眼前的好处。

陷阱 3：个人化

相信结果不好是自己的原因，不去考虑其他更合理的解释，即便结果不好并非自己造成的或自己对事件没有控制力。

例如，"创业失败了，全怪我""这件事情结果不好，都是我的错"。过度承担不属于自己的责任，从而有夸大的内疚感。

陷阱 4：外化思维

与个人化相反，具有外化思维的人总认为是外界的错，不适当地将责任自动化地归咎于他人或外部世界，无法看到自己可控制的因素与可以负起的责任，进而产生受害者心态。

例如，自己人生不如意便指责父母："都是因为你们没有给我提供好的条件！"找工作不顺利就说："社会太不公平了！"

陷阱 5：夸大或缩小

高估负面事件而低估正面事件，导致把事情灾难化。因为小挫折而绝望。夸大消极因素并忽视积极因素。有任何好事都觉得微不足道。

在一次比赛中失利就觉得："这是我人生的污点，我的生涯完蛋了。"（夸大、灾难化）"这有什么关系，一次比赛也无所谓。"（缩小化）

陷阱 6：过度概括

基于少数经验而做出普遍性判断，从单一事件或片面证据中得出广泛的结论。

例如，将"偶然负面事件"视为"未来负面预言"，即便只有一件事没做好，也认为是全面的失败，或者将"短暂负面事件"视为"永无止境的坏事"，即便只有一次没做好，也预计失败会一遍又一遍地发生。喜欢给自己或他人贴上负面标签，将失败归咎于人的性格、能力或属性，而不是就事论事。

一位朋友和你有些冲突，就认为"我不擅长处理人际关系"。

一件事情结果不好，给自己下定义："我是一个失败者！"

陷阱 7：情绪推理

把情绪当事实，忽视或低估其他的证据。比如，容易聚焦负面事件，而看不到任何积极的事件。

例如，"我知道这件事结果不错，但我仍然感觉自己是个失败者"。

陷阱 8：绝对化

又叫作"黑白思维""极化思维""二元化思维"。拥有这种思维方式的人以绝对化的方式来看待生活：要么好，要么坏；要么成功，要么失败，没有中间值，没有百分比的思维，难以接受"足够好"或"部分成功"。

与同事闹矛盾就认为："没人喜欢我，我融入不了圈子。"

家人工作失利，就对家人进行负面评价："你简直是个废物！"

陷阱 9：读心术

认为自己知道别人怎么想，即使别人没说，也认为自己知道他们的感受和动机。即使没有任何证据，也倾向把他人的做法诠释为一种消极反应。

例如，上司没跟我打招呼，就觉得"他一定是讨厌我"。自己这段时间生病工作耽搁就觉得"同事一定觉得我脆弱，很烦人"。

陷阱10："应该"模式

对自己或其他人应该如何表现有一把量尺，当表现不符合自己的期望和标准时，就感到失望、沮丧、焦虑、愤怒。

对自己常说："我不应该让别人失望。"对他人常说："我为你付出了那么多，你就应该做到……"

如何调整思维方式？运用 ABCDE 法

我们或多或少都掉入过上述陷阱，尤其是当我们面对生活中的无聊、乏味以及那些微小的挫折时。当我们越能辨识陷阱，也就越能培养自己的坚韧品质，提高长久发展自己人生的可能性。高效能心理学家迈克尔·热尔韦（Michael Gervais）表示，"人的天赋和能力是基本相同的，不同之处在于头脑。高效表现有90%由脑力带来，而这种精神优势来自控制自己想法的能力"。如果你希望成为一个了不起的学习者，就需要不断和自己大脑里那个"不可能"的声音对话，学会调节想法。

如何调整思维方式呢？积极心理学之父马丁·塞利格曼（Martin E.P. Seligman）的 ABCDE 法可以提供帮助（图5-2）。它会帮助你改变负面信念，减轻焦虑、抑郁等情绪。

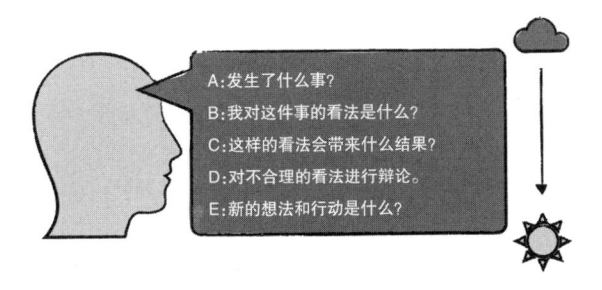

图 5-2　ABCDE 法

下面我们通过举例来应用这个方法。

A（Adversity，**描述事件**）：这一周写作交稿拖延了。

B（Belief，**阐述自己的原始信念**）：一定是因为我写作能力不够，我真是不行。

C（Consequence，**呈现以上信念导致的结果**）：自我批判，失去动力，继续拖延，感到越来越痛苦。

D（Disputation，**让自己与以上信念辩论**）：交稿拖延并不是因为我的能力不行，我之前得到过专业人士的肯定，充分证明了我在写作上的潜力。这次拖延，有一些外部突发因素，也让我看到了可提升之处。只要我不断练习和及时调整，一定可以做到更好。

E（Energization，**激发新的行动**）：后天是休息日，我会和团队好好复盘，分析原因，同时向高效能的作者请教经验，进一步改进行动计划。

还记得前面瓶盖里的跳蚤吗？你的信念就像预言一样，会自我应验。学会识别自己生命的玻璃瓶上那个无形的盖子，运用 ABCDE 法控制想法跳出陷阱，才不致被怀疑与失望打败，才能找到本属于你的无限可能。

要点提炼

- 成长型思维的要义就是相信自己可以改变。
- 小心"习得性无助"，学会辨识陷阱，这么做会让你成长得更顺畅。

实践练习

- 请对照 10 个常见思维陷阱，检视你最容易掉入的是哪一个陷阱。

- 请尝试运用 ABCDE 法来调整自己的思维方式，体会一下这样做前后有什么不同。

第2部分

学习力篇

成为复杂时代的明白人

> 学校应该永远以此为目标：学生离开学校时是一个有平和个性的人，而不是一个专家。
>
> 被放在首要位置的永远应该是对学生独立思考和判断的总体能力的培养，而不是只让其获取特定的知识。如果一个人掌握了学科的基本原理，并学会了如何独立地思考和工作，他肯定会找到属于他的道路。与那些只懂得获取具体知识的人相比，他更加能够使自己适应进步和变化。
>
> ——阿尔伯特·爱因斯坦《我的世界观》

认知力

第6章
解码学习：这个时代，如何打造高价值的学习系统？

> 学习是依赖性的降低。
> ——伯努瓦·比尼多（Pierre Benoit）《平凡中的神奇》

谈论学习不是一件容易的事情。从专家、老师到我们的父母，都有自己的观点。

但就像阿尔贝·雅卡尔（Albert Jacquard）在《科学的灾情》中感慨的，"理解对我们每个人而言和爱一样重要，这不是一件可以指派给别人做的事。我们不会让风流浪子替我们去爱，也不要让科学家替我们去理解"。无论你听过多少理论，都无法"外包"你的大脑，让别人替你学习，最终我们需要有自己对学习的理解。尤其是在这个数字信息时代，我们必须形成自己的一套科学方法论，成为真正会学习的人，只有这样才能驾驭并享受技术带来的福利。

到底什么是学习？

人类的许多动作，其目的都已不再是动作本身。比如，吃饭不是为了吃饭，而是为了在庆祝和谈判时，让氛围更轻松；交友不是为了维护友谊，而是为了建立社会关系，让事业更上一层楼；学习不是为了求知，而是为了获得成绩和证书，让自己得到他人认可。

学校，某种程度上，成了发证书的地方，学生仿佛是"消费者"，用知识来"通关"，期许获得一个明朗的未来。学习的乐趣似乎变得无从挽回，以至于当我们提到学习时，会不可救药地和学校联系在一起，下意识地觉得辛苦、艰难和想要躲避，甚至感到头晕。学习范畴被局限在教材和工作技能清单上，这种现象实在令人感到可惜！

学习应当是一种寻找，像在黑暗中寻找光明，像在寒夜中寻找火把，像先知寻找真理，像囚徒寻找自由，像哥白尼寻找新大陆。

学习是柏拉图对向善式理想国的追求；是亚里士多德的入德成善，练就理性的节制；是蒙田对孩子身上火种的寻找与点亮；是培根富有浪漫主义的科学教育；是扬·阿姆斯·夸美纽斯（Johann Amos Comenius）从客观事物中寻找规律的世界观跃进；是托尔斯泰对创造力的反思；是约翰·亨利·纽曼（John Henry Newman）为神学的据理力争；是蒙台梭利对儿童教育的深入努力；是斯坦福 – 比纳（Stanford-Binet）对智力测量的开创；是杜威对实用主义的奠基；是华生对行为主义的发现；是威廉·巴格莱（William Bagley）对普通教育推广的重视；是本杰明·布鲁姆对教育目标分类的设想；是马斯洛对人性需求的独特见解；是杰罗姆·布鲁纳（Jerome S. Bruner）对结构重要性的提出；是皮亚杰对发生认识论学科的创立；是西奥多·舒尔茨（Theodore W. Schultz）对人力资本的首次提出，让教育和经济联系更紧密；是小原国芳（Obara Kuniyoshi）的全人教育价值体系论；是赫梅尔（C.Humuel）发现"终身学习"的概念引发新的教育史革命；是霍华德·加德纳（Howard Gardner）对智能的结构化丰富；是罗伯特·博耶（Robert Boyer）提出信息技术对教育的新挑战。

学习是我们对生命可能性的寻找，通过学习，我们踏上成长的冒险旅程。一个又一个踏上旅程的学子也将书写新的故事。

因此，**学习也是一条路，会通向无数个终点。学习也应当是一种生活方式，能让我们保持一种寻找与惊喜交织的状态。**

学习也是一个混合词，在日常语境下，它既可以指理解、认识、记忆、经历，又可以指调动原有知识、丰富新的概念，或是像前沿科学工作者研究、"炼制"新的知识。为了避免混淆，我在本章中**将学习定义为一种"致用""可习得"的技能**。它不仅是我们记忆、了解的操作程序，也不只是我们理解记忆、重建知识的过程，更是运用知识做事情的能力，最终我们将拥有独特的自我表达能力。在这个定义下,你会发现**知识的终点是技能,学习的最高目的是创造。**

我们为了什么而学习?

拥有知识是一种幸运。

你可以不被所谓的专家带风向而利用,也不用被某些无良商家敲竹杠而哄骗,你可以在需要时求助医生和律师,甚至可以泰然自若地与权威者理论来捍卫权益,你可以在一堆如山般庞杂的事物中洞察本质,在删繁就简中收获清醒的快乐。

即便如此,当我们努力获取知识时,我们还是难免陷入压力和焦虑,生怕时代抛弃我们时,连声"再见"也没有说,就呼啸而过。

是的,如同查尔斯·狄更斯(Charles Dickens)所言,"这是最好的时代,也是最坏的时代",我们身处一个因技术发展而快速变化的时代,享受着前所未有的物质、丰富的科学与技术。不过人工智能、数字化、元宇宙等新技术层出不穷,也将逐渐带来生活方式的深刻变化,让我们无法停歇。而在全球化大背景下,伴随着教育和经济的联系日益增强,人力资本理论盛行,以比萨测试为代表的全球教育治理手段显示,教育更多被视为经济发展的策略,且人被视为高效生产的劳动力,这很容易使教育偏离其目的和本质。我们面对越来越多的"黑天鹅"

事件，无力掌控影响与巨变，努力找寻着自己的安全之地。

为了不被这种复杂与晕眩裹挟，我们需要学会接受挑战，不论这一挑战是什么类型或是什么形式。不要怕，就像"历史"这个词，我们现今所经历的一切都会过去，世界也将变得更好。**而我们要做的，就是"超越不确定性"，把不确定纳入自己的世界观，通过学习来创造属于我们自身的无限游戏，并把游戏快乐地玩下去。**

怎么学习？

在这个时代，我们需要更深地理解知识不再是一堆确定的、线性的说明性信息，我们需要通过学习在观念冲突中不断修正自己的看法，**在差异上下功夫，经由不断做决策的过程，让自己的世界观不断更新**。新技术带来新的学习方式，现在是一个**培养自己数字素养**的时代，即学会对信息进行搜索、选择、分级，否则我们就会被信息淹没。我们还需要对信息进行批判性反思，分辨它们的来源与可靠程度，这超越了单纯的事实获得。我们还需重视方法，我们更需要对信息进行解构和再创造，培养想象力和创造力，去迎接新技术的未来。

如同法国科学认识论专家安德烈·焦尔当（André Giordan）所言，"学习从未像今天这样意味着掌控，就好像骑自行车，要一直踩踏板才能不倒下"。而自行车的两只踏板，一只名叫"开放性",另一只名叫"超越性"。就像我在动力篇里所写的,在学习的过程里,我们从好奇(开放性)开始,通过自我挑战(超越性)的行动,走向专精,最后收获超越不确定性的更牢靠的安全感(掌控感)。

重塑你的学习系统

在第二板块中,结合科学理论和实践经验,我总结了一套可落地的方法论。

学习力 = 认知力 + 决策力 + 行动力 + 加速器

将学习力分为认知力、决策力、行动力和加速器四大板块。
- 认知力 = 原理 + 策略 + 方法
- 决策力 = 构建秩序 = 输入路径 + 聚焦优势 + 优质阅读 + 认知过滤器
- 行动力 = 思维 + 情感 + 习惯
- 加速器 = 心流触发器 + 休息复原器 + 跃迁弹跳板 + 创造黑盒子

伴随阅读过程,我们先从大脑开始了解学习的科学原理,进而遵循认知规律,理解最具效能的认知策略之一——"元认知",并掌握提升认知效率的方法,即"组块 + 提取"训练。

在了解学习机制后,我们还会面对相当多的场景。比如,面对海量信息,我们到底要学什么?怎么判断信息质量?用什么材料学习?怎么知道自己真的掌握了知识?对于这些问题,我将分享一些方法,从而让学习过程更高效。

一切的"知道"都是生命的"空头支票",改变才是"真金白银"。在有了认知和做出选择后,我们如何做到"所知即所是"?那就需要行动来实现。合理的思维与情感的整合,伴随习惯的培养,最终会让我们将知识内化成技能,"自然"地傍身而行。

至于加速器,我会特别分享四样法宝,即心流触发器、休息复原器、跃迁弹跳板和创造黑盒子,从而自创益于学习的环境条件,尽可能保持好的学习状态,高效利用时间,成为有创造力的学习者,并向专家跃迁。

相信伴随这一板块的进行,我们会发现学习并不简单,但也没有那么难,也会形成个人的理解和系统,实现学习力的升级。

现在就让我们从第一站,学习的"必经之路"——大脑开始,了解学习究竟是怎么一回事。

要点提炼

- 一个公式:学习力 = 认知力 + 决策力 + 行动力 + 加速器
- 学习是一次探寻,也是一条路,会带你通向无数个终点,

> 拥抱无数种可能性。学习也是一种生活方式，让我们保持惊喜状态。
> - 学习让我们超越不确定性，创造自身的无限游戏。
> - 学习有它的机制和方法，我们可以聚焦在"认知力 + 决策力 + 行动力 + 加速器"的优化上，提升效能。

实践练习

- 如果是你来写学习力的公式，你会填入什么要素呢？

学习力 = _____

- 觉察一下你对学习的理解是什么，感受是什么样的，为什么。

- 上一次你享受学习的快乐是什么时候？

第7章

原理：大脑在学习时，究竟是如何工作的？

> 我的大脑是开放的。
> ——著名数学怪才 保罗·厄尔多斯（Paul Erdos）

当你读完本书的时候，你就不是过去的你了。

你可能会问："这句话是什么意思？！"

这倒不是说本书会对你的生活有什么革命性的改变，而是因为阅读等各种形式的学习过程会改变你的大脑，所以你才不是过去的你了。如同那句富有哲思的话，"人不会两次踏入同一条河流"，大脑内的"信息河流"也是如此，它在不停地进行着生物性的动态变化。

这些动态包括：用特定方式思考、产生与众不同的想法、对一些事印象颇深，但也会常常忘记、分心、感到焦虑。为什么会有这些现象呢？这就与大脑是怎么形成、存储和提取信息有关了。

想要解释这些现象并能积极调试自己的表现，就要充分了解自己的大脑，因为它掌控着人类的思想、感受和行为。

在了解了脑科学、认知心理学和认知神经科学领域专家对上述问题的研究成果后，我发现**只要了解大脑工作的底层原理和机制，就能更加坚定也会更加灵活地运用相关的学习原则。建立一套科学的学习系统，能起到事半功倍的效果。**

那么在学习时，大脑究竟在做什么呢？

我们先来认识下信息的传递过程。

信息传递：神经突触的"雕刻艺术"

"嘿，这段话真有意思，接着往下看。"当你决定继续阅读以下内容时，本质上是向神经元传递信息。神经元或神经细胞就像信息中转站，负责接收信息并传递信息，而其他神经元再把信息传递给与真实环境接触的其他身体部位，比如此刻你正在翻书的手指。

信息起初以电信号的形式存在，神经元在收发电信号时，有一个奇妙的能力就是可以根据接收电信号的强弱，调整发出时的强弱。这种特点就是所谓的**可塑性**。

可塑性是如何实现的呢？是借由基因表达实现的。当神经元收到电信号，"哨兵"细胞首先会将电信号转换为化学信号，然后传给"管理"细胞，促使基因生产相应的蛋白质。蛋白质借由"运输"细胞送到突触，最终神经元的电信号就变强了。

突触是神经元之间彼此联系的基本结构，负责收发电信号，由数百个蛋白质构成。这个过程起作用的蛋白质数量越多，突触的活性越强，发出的信号就越强，构成神经元的连接就越牢固。

比如，当你在本书中看到一句特别有启发的话时，大脑神经元就会释放电信号，并通过系列信号转换，激活基因表达，产生很多蛋白质"活跃分子"，从而增强突触活性，神经元发放电信号的频率也会成倍增加。此刻，这句话就以神经元的电活动频率变化的形式，被储存在大脑里，形成我们平时所说的"记忆"。

在我们一生的成长过程中，伴随系列突触形成，大脑内部就像是一幅"接线图"，突触会用两种方式参与"接线图"的动态绘制，一种是突触产生过剩，选择性地消失；一种是添加新突触。有些神经科学家用雕塑艺术来类比神经元"修剪、建造"的过程。神经元"艺术家"如同在雕刻大理石，通过凿掉石头（突触）无用的部分、留下有用的东西最终创造出成品。有了丰富的阅历体验，神经元留下合适的突触、去除不合适的突触，剩下的就是经过"精雕细琢"的最终成品，即你希望大脑留下的信息，从而构成我们人生认知发展的基础。就像园丁照管花园一般，大脑在每日撒种、浇灌下打造生机勃勃的花园（神经元链接），突触建造的平衡过程也促进了我们大脑的健康发展。

知道这些原理，对我们意味着什么呢？

意味着我们可以永远对学习有信心，因为我们的大脑一生都在发生变化，它是可塑的。

而正是学习和经验的作用，突触产生联结变化，并且推动脑结构的变化。正如法国心理学和认知科学家斯坦尼斯拉斯·迪昂（Stanislas Dehaene）所言，"所谓学习，本质上就是训练我们大脑内部的模型，而模型无非就是神经元的连接结构和连接强度"。因此，**一个人接触的信息质量和习得的信息数量将会影响其大脑的终生结构**。新手和专家的主要区别就是信息组织和利用的方式。

同时，我们需要留心的是，可塑性是一把双刃剑，用进废退。因此，千万不要小看你接触的信息，它们在左右着你的大脑结构。

这一过程听起来清晰、顺畅，然而要想顺利完成"学习"这个动作还真是不简单。

因为我们与信息之间的关系充满矛盾，一方面，我们借由技术希望拥有大量信息提高生产力；另一方面，我们却很容易淹没在信息海洋中，倍感疲惫和压力。看看你没有处理完邮件的邮箱，回忆今早看过的文章还记得什么就能感受到这点。

我们面对多信息处理中的困难都受限于一个核心问题，那就是：信息保存的能力。

信息保存：注意力与记忆力

如果把大脑比作一个信息处理器，那么它就是一个速度可测量的"通信渠道"，与网络宽带没有什么不同。换句话说，就是大脑带宽有限，一定时间内只能通过一定量的信息，它是有先天性限制的。如果我们了解大脑的局限，就能通过训练或其他方法来改善这种局限，找到"扩充大脑容量和信息量"的平衡点，让我们既有学习中的深深满足感又不至于有压力和感到疲惫，还能最大化地开发大脑潜能。

而带宽局限的关键，归因于注意力的种种机制。

什么是注意力？注意力如何把信息保留在大脑里？我们能不能控制这种能力？

注意力就像一扇门户，信息洪流通过它传递到大脑。和信息选择性有关的注意力分为两种：

- **受控注意**（controlled attention）。即有意识地强迫自己专注。比如，要求自己根据每日清单来工作。

- **刺激驱动注意**（stimulus-driven attention）。即不由自主地被突发事件所吸引。比如，当杯子突然掉地时，你的注意力会被打断。

注意力作用的基本神经机制是以牺牲其他神经元活性为代价，选择性地激活某一些神经元，因此才会有一个经典比喻——注意力就像激光，只能聚焦一处，这也是我们很难同时做两件事的原因。

调用有限的注意力,其实就是让自己不断聚焦目标。然而,在聚焦目标前需要先有关于目标的记忆。那么,如何记住那些需要我们专注的东西呢?

关键在于工作记忆。

现在,我们有必要花一点时间,来稍稍了解一下"记忆家族"的成员(图7-1),它们是感觉记忆、短时记忆和工作记忆、长时记忆。

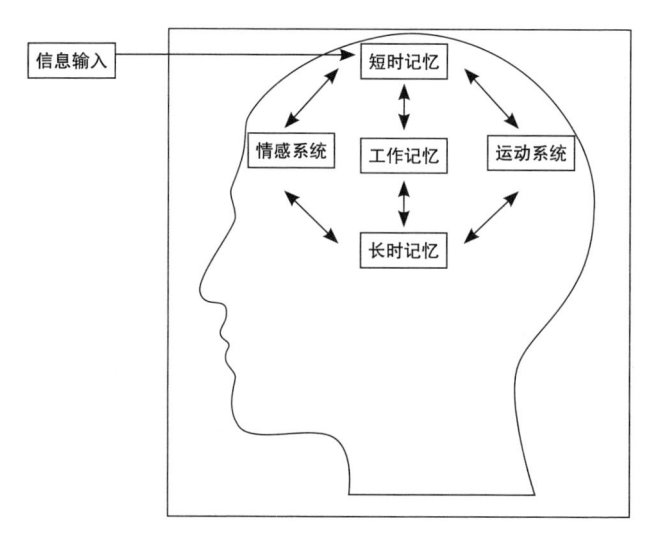

图7-1 人脑的关键记忆系统

注:图7-1显示了人类学习的记忆系统。每个系统都与其他系统相互作用,都会限制或促进知识的获得。这个图没有显示大脑的真实结构,我们可以在网络上使用"大脑的结构"这个词检索到大脑的结构图。

感觉记忆

感觉记忆是神经元电活动的瞬时活动，储存在负责感觉和知觉的脑区。电活动消失，感觉记忆也会消散，从而形成稍纵即逝的感觉。比如，半夜的灵感、看到迪士尼烟花时产生的浪漫感。这也是感动的情绪不长久的原因。但此种情绪消逝之前，感觉记忆让我们可以完整、详细地描述感觉体验，其中某些相关的信息片段可能会成为短时记忆，再经由工作记忆进一步处理。比如，找到工作时的激动感、看结婚照片时的温情感受等体验。

短时记忆和工作记忆

你定外卖拨通餐馆电话的时刻，依赖的是自己的短时记忆。信息在短时记忆中一般能保持十多秒的时间，但多次重复可以使这些信息的保存时间变得更长一些。

短时记忆和工作记忆关系密切，很多时候两者可以互换，但它们也有区别：短时记忆指的是对刚刚获取的信息的被动存储和唤醒，而工作记忆指的是涉及处理信息的主动过程。比如，有个可爱的男孩要到心仪女孩的电话，但是没带手机和纸笔，为了记得号码，就一路背诵到家写在纸上后才放松下来，这一过程靠的就是两者的帮忙。

长时记忆

重要或有用的信息会进入长时记忆，比如朋友的生日、关键纪念日、银行卡密码都存放在这里。

这些记忆可以保存很多年，甚至一生，尤其是那些激动人心的事情。比如，你很难忘记孩子出生时的喜悦感、疫情突发时紧张与难过的感受。

这些长时记忆似乎被赋予了特别意义，因而能够存储。比如，你试着回忆上个月的会议信息，可能想不起来完整的内容，但能很轻松地想起关键要点，这是因为它们是富有意义的。

长时记忆包括多种形式：语义记忆关乎概念的合集，例如北京是中国的首都；情景记忆是体验集合体，例如一次说走就走的旅行中发生的事；程序记忆是一种无意识记忆，比如回家的路线、开车、演讲动作等看似"自然"发生的连贯动作。这些不同类型的长时记忆都被织入了前面提到的神经细胞间的联结网络。

了解了这些记忆"成员"后，我们需要思考，这些和我们的学习有什么关系。

在学习时，我们其实一直在同时启动这三类记忆。比如，你下班路上和同事一起闲聊，分享上周参加培训会议的事情。此刻大脑产生大量感觉记忆，关乎你体验到的新设备、舞台灯光和同事的说话声。同事反馈的相关技术名词和其他细节都会进入你的短时记忆库。不需要任何刻意的努力，长时记忆会引导你们走出办公大楼。你说不定还会从长时记忆中提取一些细节信息，例如，你想起上个月在某本书中看到过的某个技术细节。一路上你都在揣摩一个技术问题的关键点，回到家里，你拿出书来再次确认发现真是如此，并把它纳入下个月的工作汇报重点。至此，会议培训上的要点成功从信息变成了你富有生产力的行动。

那是不是记得越多就越好呢？

并不是。看看记者所罗门·韦尼阿米诺维奇·舍列舍夫斯基（Solomon Veniaminovich Shereshevsky）的故事就能明白。

舍列舍夫斯基是心理学史上最著名的人物之一。有一次开会，领导留意到他没做任何笔记，有些怀疑他的工作态度，但不久之后，领导发现是自己错了。因为舍列舍夫斯基真的能够记住几乎所有事情，可以一字不差地回忆出会议上人们说过的每一句话，所有会议都是如此。他的同事对此惊讶不已，即使那些做了笔记的人，也不见得能记住会议内容的一部分。但最令人惊奇的是，舍列舍夫斯基自己并没有意识到自己的能力。

心理学家亚历山大·罗曼诺维奇·卢里亚（Aleksandr Romanovich Luria）在后来对舍列舍夫斯基的研究中，发现他的确不存在记忆力局限，但同时他很难忘记任何事情，因此大量细枝末节反而遮盖了重要事情。这样的记忆力更让他无法掌握事件的要旨和深意，难以区分重点和非重点。因此，他可以一字不差地背诵《罗密欧与朱丽叶》，却无法享受其中的哀愁与浪漫。

如此看来，对于思考类的学习活动，一个人可以记住一切反而是沉重的负担。**有限的记忆容量又何尝不是一种督促，驱动我们学会选择。否则，什么都记则和什么都没记住一样。**

了解这些基本机制后，我们需要注意什么？又可以在哪些地方努力？

学习策略：符合脑科学原理

现在我们可以真切地感知到，学习真是一件"烧脑"的事情，因为每次让一个信息进入大脑或阻挡一个信息进入大脑，其实都有神经元的"幕后"支持。

正因注意力资源有限，短期记忆容量也有限，据心理学家米勒（Miller）发现，我们最多可以同时在脑海中保存 5~9 件事，因此我们需要合适的应对策略，包括以下 4 点。

策略 1："建立"外脑"——一个可靠的信息储存系统

每天醒来，安排早餐、遛狗、会议、出行、工作任务等，其实就是大脑在玩"拼图"，它把不同信息收入工作记忆中，然后在工作记忆中保存清单，列出行动项目，等到需要时再调用。

没有安放妥当的信息会在大脑里游荡，科学家蔡格尼克（Zeigarnik）发现，待办任务往往会寻求注意力，占据我们的短期记忆，除非它们被完成。

幸运的是，我们并不一定真要完成任务才能说服大脑停止思考，"写下来"就可以，因为大脑并不会区分任务是否真的完成，而"记录"会让我们拥有"平静如水的大脑"。

因为我们不可能一次性解决所有问题，所以最好且唯一的策略就是建立一个可靠的"外脑"，将信息储存起来，这样我们就只用记得一件事——看记录。

学会记笔记，合理使用便笺纸、清单、文件夹、电子信息管理系统可以有效为大脑减负。

策略2：找到自己的心流触发器，激发大脑潜能

我们常说的"认知负荷""烧脑"，或者说事情具有"复杂性"，经过前文阅读，我们可以将其解读为"工作记忆负荷"，也就是大脑的信息储存容量不足以支撑我们持续拆解问题。

而所谓的注意力缺乏、很容易分心的现象，也可以理解为信息需求和储存能力之间的差异。我们的大脑是石器时代的大脑，但是要处理的信息量却是互联网时代的信息量，换句话说，

其实我们的注意力没什么"硬伤",我们感知到的是在科技时代大背景下相对的注意力缺陷。

对于这种认知负荷的现象,心理学家米哈里·契克森米哈赖提出了心流的概念来应对。心流,指那种彻底专注并沉浸在所进行事件之中的感觉,例如艺术家绘画,医生倾尽心力地做手术。他绘制了一幅心智状态的示意图(图7-2),结合情景挑战性和当事人的能力水平做了充分说明。

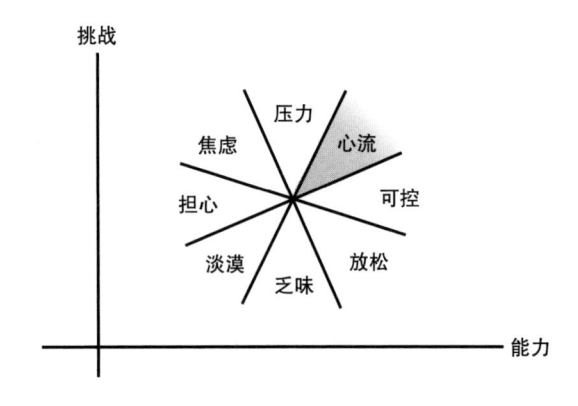

图 7-2 心智状态示意图

当挑战超过能力,人就会有压力,当能力超过挑战,人就会有掌控感,只有当能力和挑战处在平衡状态,人才能处于心流状态。心智状态示意图也可以转化为一幅认知地图,如果我们将"能力"换成"工作记忆容量",将挑战换成"信息负荷",就能获得一张描述信息要求与主观感受的图。弄清楚自己对信息的需求,处在平衡状态就能获得心流体验。

这也是为什么在目标设定中,我特别提到不要追求"多",

而要不断做最有价值的事情,只有根据能力来设计工作,才会带来满足感。

在"心流"一章中,我将更进一步详述如何触发这种状态。

策略3:刻意思考,激活正确的神经元并加强它们之间的连接

学习需要努力,你的每次努力都在帮神经突触塑造大脑结构。因此,努力要在点子上,学会激活"正确的"神经元。《激活你的学习脑》一书作者史蒂夫·马森(Steve Masson)发现,**"主动式学习是激活神经元的有效方法"**。元认知策略就是主动学习的典型。此外,我们要学会加强相关神经元连接。

脑中本没有路,积累的信息多了自然就有了路。要想加强神经连接,提取练习和说明解释这两种方式是最佳方法。

以上两种方法就是我们接下来两章要讲述的主要内容。

策略4:放下手机

不必多言,手机是个神奇的设备,一拿起就像是进入派对,一整天都得努力忽略不相关信息。

不得不说,学习是一个永恒的话题,达·芬奇曾感慨,"只有不断学习,心智才能永不枯竭"。面对涌来的信息,请停止对自己注意力的苛责,并理解大脑工作的科学原理,这会让你有机会从更本质的角度理解学习过程——这不过是神经元的雕

刻艺术。了解原理和机制可以提升你与这个信息技术时代相处的自信,从而更科学地努力、更高效地学习。

要点提炼

- 两个公式:
  大脑工作原理 = 信息传递 + 信息保存 + 信息提取
  科学学习策略 = 建立外脑 + 触发心流 + 刻意思考 + 放下手机
- 学习的过程就是一场神经元的"雕刻艺术"。
- 我们可以永远对学习有信心,因为我们的大脑一生都在发生变化,它是可塑的。
- 我们的每一次学习都是神经元"自我燃烧"换来的,越符合科学机制的学习就越是有效的学习,其中主动式学习是激活神经元的有效方法。

实践练习

- 觉察一下,当你了解大脑的工作原理后,有没有对一些学习方法更有信心了?

- 你是否有自己的"外脑"？比如笔记本、手机应用等，作为信息储存系统？如果没有，请开始寻找并建立一个系统，慢慢将它变成你的思考利器。

- 下次学习时，请给你的手机"找个窝"。

第8章

元认知：提高学习效能的最优策略之一

> 觉察给了我们改变的机会。
>
> ——丹尼尔·西格尔（Daniel J.Siegel）

生命的成长伴随着认知发展而来。**认知就是我们借助思考获取知识的过程。**

乌莎·戈斯瓦米（Usha Goswami）作为研究神经科学、读写行为与教育的世界级学者，她的学术著作《认知发展：好学的大脑》（Cognitive Development and Cognitive Neuroscience: The Learning Brain）中曾提出人类认知发展不过是围绕**三个最重要的领域**：其一是对物体、事件的物理认识，了解物体与物体间互动所遵循的物理原理（knowledge about the physical world of objects and events），比如重力、熵增、熵减等；其二是对社会认知、自我（self）、发展性（agency）的认知，比如我们都"需要爱"等来诠释或预测他人的行为；其三是对世界上种种事、物、概念的认识（conceptual knowledge），即能够理解生命体和非生命体。

正是从上述知识的获取与践行里，我们完成了认知闭环，加深了自己对生命的理解，与内在自己、外在他人、世界万物建立起和谐、友爱的联结，变得通达。

认知是如何进行的？

那认知到底是如何进行的呢？

对于这一本质问题，所幸的是，我们不需要从头开始思考。美国教育心理学家本杰明·布鲁姆就曾对认知做过分类，而他的学生洛琳·安德逊（Lorin Anderson）更进一步优化了老师的研究成果，将认知从知识维度和过程维度分别进行了分层描述（表8-1）。他将知识分为事实性知识、概念性知识、程序性知识和元认知知识，而将认知过程从低到高分为记忆、理解、应用、分析、评估和创造。因此，儿童认识颜色、动物是认知，成人理解是非因果、嬉笑怒骂也是认知。

而所有认知过程，都离不开神经元的工作，尤其是"镜像神经元"。意大利帕尔马大学的研究者在猴脑中首先发现它的存在，其功能就像照镜子一样，借助内部模仿而辨认出观察对象的动作意义，并给出对应的情感反应。正是由于"这面镜子"的存在，我们才发展出了理解力、同理心和语言能力。这是认

表 8-1 布鲁姆分类学

知识维度	认知过程维度					
	记忆	理解	应用	分析	评估	创造
事实性知识	标签图、列表名称	解释段落、总结书	使用数学算法	分类单词	评论文章	创作短篇小说
概念性知识	定义认识分类级别	用自己的话描述分类	用分类法写目标	区分认知分类的级别	批判分类写目标	创建新的分类系统
程序性知识	列出解决问题的步骤	用自己的话解释问题的解决过程	使用问题解决流程来分配任务	比较趋同与趋异技术	案例分析中使用技术的批判性	开发解决问题的方法
元认识知识	列出个人学习风格的要素	描述学习风格的含义	培养适合学习风格的学习技巧	比较学习风格中的维度元素	批评特定学习风格理论对自己学习的适当性	创建原创的学习风格理论

知活动能够进行的主要神经机制之一。

那元认知又是什么？

元认知这个概念，由美国心理学家约翰·弗拉维尔（John H. Flavell）在20世纪70年代首次提出，他把元认识广义地定义为"任何以自身为目标，可以调节认知活动任意方面的知识或认知活动"，包括元认知知识和元认知经验。

元认知知识，是对自己认知能力和局限性的认识，是关于"你是谁、你有什么、可以做什么"的问题。比如，你了解自己的性格、优势和不足，知道哪些策略对自己有用，还懂得何时何地运用它们。比如，你很可能会精准地描述自己在特定领域（如育儿、神经科学、绘画等）知识的深度与广度，自己的性格。

元认知经验，是对在我们身上发生的、与认知过程有关的知识的了解，是关于"为什么会这样、怎么做更好"之类的问题。日常生活中，我们提到的疑惑、反思、复盘等行为其实就是元认知经验。

让我们以对本书的思考为例，结合布鲁姆认知发展过程来展示元认知是如何进行的。我们可以参照下面的行动步骤。

记忆：请描述了不起的学习者的要素有哪些。

理解：学习过程中大脑内到底发生了什么呢？

应用：围绕"为什么作者会提出动力、学习力、品牌力是了不起学习者的关键"这个问题，构建一个理论。

分析：如果你是作者，你会对学习的要素提出哪些思考？

评估：你认为这是一本适合你的书吗？

创造：请创作一篇文章或搭建一个架构，以新的形式来展现了不起的学习者的故事。

到这里，我们就对本书有了充分掌握，完成了对一个主题内容的认知全过程。而借助这个过程，我们可以觉察自己知道什么和不知道什么。

一开始，元认知练习是"被动"开始的，或许需要借助旁人提问或借助上面的问题清单等工具才能进行。

当变得老练后，我们还可以继续"主动"地进行元认知，用提问去"围攻"学习对象，加深理解。比如，"我真的不明白什么是元认知""为什么我读到大脑的原理时就想跑开""我的学习理念是什么""为什么好奇心那段话特别打动我""我为什么会提出这些问题""本书在某一观点上和另一本书的作者说得为什么不一样"等。

你可能觉得"哇，怎么可以想出这么多问题"，在专业知识和深度学习中，我们需要元认知的帮助才能理解得更深刻。

对我而言，日常一节15分钟的小课，我一般要记录1000字以上，包含多个问题。但每个字的记录都是值得的，因为应用元认知技能时，我们会对自己里外都有新的发现，变得更加通透。而问题本身就像针线一样，会穿过我们原本的旧知，引导我们去获取新知。而正是在这样的"穿针引线"过程中，我们能够潜移默化地提高记忆力。伴随提问产生联想，这一过程会交织起各种知识点，最后形成认知模块，助你收获"掌握"的学习效果。

如果在特定主题范围下进行思考，你可能会一口气读完很多内容，但是却有着超负荷的信息疲惫感和多信息的冲突感，无法与这些信息建立有效联系，因为你没有真正理解。这样的信息不是自己的知识，只是积累了没有语境的干货，是"死"知识。

经过元认知思考，我相信你收获的不仅是知识，也会"看见"自己的思考方式，"看见"不同作者的观点，你甚至还会"看见"自己的价值观是什么样子的。下次你再看到其他学习类的书籍也会触类旁通。

元认知是我们认知能力的自我反馈回路，有了它，我们就可以更好地实现认知升维，这是学习的最优策略之一。

如何锻炼自己的元认知能力

当一个人可以跳出自己的世界，开启第三视角时，就有了成长和改变的可能。如何更好地提升自己的元认知能力呢？

和你分享三种方法：制订计划、复盘、冥想。这三项活动本质上都在做同一件事：**掌控自己的注意力，将其投入需要的地方。**

制订计划

可别小瞧制订计划这个动作，这个过程其实是对自己的认知活动进行策划。它表现在对目标的分解、对项目进程的执行和调试上。我们在第 3 章 "目标：超越急功近利，开始你的英雄之旅"中已经有详细描述。一个好的、有条理的工作流程，会让我们在工作中拥有掌控感，在正确的时间做正确的事，让注意力有的放矢。

复盘

时光犹如流水，如果不保留，经历带给我们的礼物就会"挥发"。曾子早已道出智慧之语："吾日三省吾身。"复盘是对经验的吸取，静下来思考是对智慧的挽留，学会暂停才能更好地前进。

我们常常说要定期复盘，那要怎么做呢？比如，每周用 30 分钟做一次总结，**学会聚焦三个方面：目标、过程和结果，调整三种行为：做得好的继续做、做得不好的停止做、待改进的开始做**。项目、任务结束后，学会总结自己的方法、标准及流程，温故知新，进行智慧迁移。在这个过程中，我们会逐渐准确地评估自己的能力，不断向正确、合理、有效靠近。

冥想

你或许不是第一次听说这个词，冥想特别受硅谷新贵的欢迎，因为它能达到一种安静的、没有身体束缚的、跨越时空概念的状态。

一个人一天可以产生大约 50000 个想法，我们的思想有时就像带着沙子的水流，一动就变得混浊，不动沙子就会慢慢沉淀下来。

冥想，就像是思维沙子的沉淀过程，帮助我们重新训练大脑。关于冥想有个经典比喻，那就是冥想就像在旧时代驯服一头野象。你用绳子将野象拴在柱子上，一开始它暴跳如雷，企图反抗，但是日子一长，它就顺服下来，慢慢地你可以轻松喂它并且牵着它走，最后它可以充分配合你做各样的事情。在这个比喻中，"野象"就是我们"翻飞的思绪"，"绳子"好比"意识"，而"柱子"就是借力的对象——"呼吸"。

经过了冥想训练的大脑，是一个能够在"雾"里看花，随时聚焦注意力的大脑，能从物理上提升我们的元认知能力。

如何进行冥想呢？推荐一个经典、简洁的练习方式——三分钟呼吸空间。由牛津正念中心马克·威廉姆斯（Mark Williams）教授及他的同事制定。在练习开始的时候，设一个三分钟的闹钟，以舒服的姿势坐下来，闭上眼睛，放松。

（1）**第一分钟留意自己的想法**：我的心里在想什么事情？我现在有什么情绪？不评判这些情绪，带着开放的态度觉知在这一分钟里你所感受到的一切。

（2）**接下来，将自己的注意力放到呼吸上**，伴随空气的吸入和呼出感受腹部的扩张和收缩。

（3）**最后，集中注意力**，留意身体姿势、脸部表情，感知并呼吸。

这个练习不受地点限制，找一个不被打搅的地方就可以操作。用三分钟的时间，学习暂时抽身将注意力从外在转移至内在，与内在身心重新联结，延展觉知，与更大的世界相连。

哲学家奥图·纽拉特（Otto Neurath）将知识比作一艘我们在航行中不断改造的船。在人生的航线上，为了不让船沉下去，我们必须不断修复和改造这艘船。元认知就像是这艘船上的罗盘，是我们所拥有的能够改变反馈回路的最强大的内部力量，帮助我们更好地校准方向，在星辰大海中航行。

要点提炼

- 两个公式：

  元认知 = 元认知知识 + 元认知经验

  提升元认知 = 计划 + 复盘 + 冥想

- 所谓认知，就是我们借助思考获取知识的过程。借助"镜像神经元"等主要神经元，我们的认知活动得以进行。
- 提升元认知的关键在于掌控自己的注意力，将其投放在需要的地方。

实践练习

- 请参照布鲁姆分类法（修改版）中的认知发展过程，体验一次元认知的过程。你可以参照本书，或是换成任何一份你刚刚读过的材料。

  记忆：请描述了不起的学习者的要素有哪些。

  理解：学习过程中大脑内到底发生了什么？

  应用：围绕"为什么作者会提出动力、学习力、品牌力是了不起学习者的关键"这个问题，构建一个理论。

  分析：如果你是作者，你会对学习的要素提出哪些思考？

  评估：你认为这是一本适合你的书吗？

创造：请创作一篇文章或搭建一个框架，以新的形式来展现了不起的学习者的故事。

- 请尝试一次最小范围的复盘，比如对这一天的生活或是刚刚完成的一个项目复盘，问问自己：哪些地方做得好？哪些地方做得不好？哪些地方可以提升？

- 请尝试一次冥想，按照"三分钟呼吸空间"的方法，给自己一次新体验。

第9章
认知效率:"组块+提取"组合出击,学习效果最佳

> 凡事都存在联系,单独做某件事,反而做不成事。
>
> ——查尔斯·狄更斯

在了解大脑的基本工作原理后,我们可以坚信:每一分努力都会在神经元上留下痕迹,从而增强注意力、记忆力和行动力。而主动学习的元认知策略会帮助我们激活"正确的"神经元,使努力更有成效。

这一节我们就来进一步谈谈如何通过促进神经元的连接来提高认知效率。

以学英语为例,如果你在英语环境中长大,学会英语就很自然。当妈妈说,"叫'Mom'(妈妈)",孩子就乖乖跟着说"Mom(妈妈)",这一刻神经元被激活,并像多米诺骨牌一样连

接它的下游神经元，构成一条环路。这一声声"Mom"，与妈妈温暖的笑脸关联在一起，让这条神经环路不断加固并深化为一条记忆之路（memory trace）。由此，孩子记住并理解了"Mom（妈妈）"的含义。

就像高中英文老师传授给我的语言学习秘诀"Focus and Repeat（专注和重复）"，专注和重复就是创造记忆痕迹的必经之路。

无论是打出一条完美的乒乓球弧线、完成娴熟的煎蛋翻面，还是实现百发百中的投篮，秘诀皆在于此。任何技能的学习都是积沙成塔的过程。你对发球、挥拍、身体移动的琐碎记忆，决定了完整且灵活的肢体呈现，而领受每一个动作精髓的关键就在于"组块"。

组块

组块（chunks）就是神经元连接成一条回路的过程。一旦形成回路，当你有需要时，回路痕迹就会像自动售货机似的"弹出"你需要的知识。

还记得过目不忘的记者所罗门·舍列舍夫斯基吗？他虽然有超人记忆，使得每一条记忆痕迹都很明显，但是这种记忆却妨碍了他进行整合，提炼关键组块。

组块是基于意义将信息碎片组成的集合，就像电脑中的资料压缩包一样。因此,即便是"Mom"这样一个简单的词语,也是借由看见妈妈的画面,形成意义,构成组块。不管是定义、想法,还是概念,都基于复杂的神经活动,将思维组块组合在一起。《超越智商》中基思·斯坦诺维奇(Keith E. Stanovich)将知识称为"知识结晶"(crystallized intelligence),因为经过组块,知识从散装变成了晶体,变得坚实、牢固,也容易整体提取。这个过程就像天文学家将星星划分成星座,棋手预见棋子将走的棋局路数,阿尔弗雷德·魏格纳(Alfred Wegener)端详地图时想到大陆漂移学说。

把信息构成组块后,就不必在意细枝末节,因为你已经学会提炼精华,掌握重点。就像熟练的主厨做糖醋排骨,只是简单地想着"我得下锅做菜",而不用一边拿出食谱参照步骤一边提示自己还有什么要注意的。这就是组块的奇妙,也就是熟能生巧的"巧"。

构成组块的基本步骤

塑造组块有多种方法,并不复杂。就像你掌握上一章中提到的"元认知"概念,大脑可以构建简单组块。

比如,你刚接触复利公式,在经济学中,复利收益 $F=p(1+i)^n$,其中:p 是你的本金或基数;i 代表的是你的增速;n 则代表你可以重复多少次;F 是最后的收益。

刚开始理解公式时，认知负荷是重的。但如果能**通过案例进行解释说明，你就会更容易理解了**。假设，你存了10000元，购买了年利率是10%的产品，10年后，你就会有25937.42元。这就像你去一个新地方旅行会拿着攻略地图（案例）一样，大部分景点的细节说明都在眼前，你只用去现场好好体验打卡。案例可以帮助我们理解公式的关键特征。

在这个过程中，你先是调动自己的注意力聚焦新概念，并借助案例，形成初步理解。

然后，再思考一下复利效应的应用背景。哪里可以应用？哪里用不了？比如，我们可以把复利思维应用在成长上，但是并不一定是同样的数字量化结果。

复利思维的核心就是：你前面做的每一件事都会增强后面事件的结果，并不断循环。

最后，结合自己的银行账户，练习复利公式，重新配置自己的理财产品，优化资产。此外，培养自己生活的核心习惯，如健身、阅读等。至此，可以说我们真的理解并掌握了复利公式的精髓。

让我们来总结一下，构成组块的基本步骤。

步骤1：集中注意力在需要组块的信息上

看电视和玩手机只会使你大脑的神经元花大把精力阻挡不必要的信息，无法真正专注。决意开始学习新东西，就要调用自己的注意力，创造新的神经模型。如果分心，那么神经细胞就不够用了。

步骤2：理解重要定义和概念

不管这个概念是元认知、函数、牛顿第一定律，还是柴米油盐酱醋茶等基本常识，先追求基本理解，能用自己的话表达关键要义就好。

理解就像胶水，会把这些基础记忆痕迹黏合在一起，为日后更多概念的关联铺路。

步骤3：获取背景信息，知晓应用背景

如果没有这一步，你的知识就是一座孤立的岛屿，无法和其他陆地相连。只有了解背景信息才能知道组块的用武之地和使用边界，这将有助于拼凑出更大的知识图景。这个过程就像是驾驶认知的直升机升上高空，你可以看见岛屿的位置，也可以更好地定位。

步骤4：练习

练习可以增加神经元网络的带宽，促使"条条大路通组块"，为组块创造连接。这就像是你从直升机上走下来，详细了解岛屿情况，并驾驶游船再去另一座岛屿游玩，为岛屿间创建新路线一样。

经过这 4 步，你就仿佛完成了一次知识群岛的环海旅行，手握地图（基础概念和案例），搭乘直升机（背景知识）俯瞰群岛，登陆和游船航行（练习）将不同的岛屿（组块）联系在一起，构成了一幅美丽的地图，完成了旅行的体验（心智跃迁）。

然而，如果你不想这次旅行是一次性的回忆，想要创造长久的感动，那你就还需要提取练习（retrieval practice）。

提取

这里需要先介绍一个超出部分人常识的原理：**必要难度**（desirable difficulty）。这是认知科学家比约克夫妇（Robert A. Bjork & Elizabeth Ligon Bjork）提出的关于学习与记忆的主流理论。

研究者发现，如果把学习分为存储和提取两个部分，那么组块就是完成对知识的存储，提取就是对知识的应用，而学习最终是为了"致用"，所以离不开提取。

存储和提取对记忆有不同作用，二者呈负相关，即存储容易会导致提取困难，存储困难则提取容易。这也是互联网时代我们借助搜索会"更快得到，但更快忘记"的原因。有难度地存储会让知识组块在大脑中保持更长时间，也更容易迁移。所以，科学且高效的学习策略往往符合必要难度原理。

比如，我们随手记笔记（存储），找的时候就很难找到（提取）。如果我们有一套管理信息的系统，存放时可能麻烦点，但用时就能轻松找到。

依据必要难度原理，认知学家给出了有悖于常理的三个高效学习策略。

- 策略1：放弃集中突击，分散学习。
- 策略2：告别死磕，交叉学习。
- 策略3：学会提取，测试学习。

下面我们分别来看下3个策略。

策略1：放弃集中突击，分散学习

过去我们认为，在一段时间内集中学习同主题内容效果好，但现在的认知共识是：拆成几段时间来学习，记忆的时间会更长。

策略是：学习1→间隔→学习2→最终测试。

究竟间隔多少时间效果最好呢？控制在距离测试时间的5%~10%最佳。

什么意思呢？假如你在一个月后要参加考试，使用分散学习策略，你两次学习间隔应控制在1~3天。如果你希望让知识组块牢固，那就适当增加学习的时间间隔。

临时抱佛脚，学后忘得快；间隔来学习，才能记得牢。

策略2：告别死磕，交叉学习

过去我们认为"死磕"一个项目，学会后再学另一个项目，学习效果会更好。然而事实上，多项目交叉练习才是更科学的。

死磕式学习：111 → 222 → 333。

交错式学习：123 → 231 → 312。

这个发现是怎么得来的呢？认知科学研究者在试验中发现：被测人员分别用批量式和交错式观看了 12 位风格相近画家的作品后，再分辨这 12 位画家的其他新作品。交错式观看小组判断的正确率更高。

我们从心流理论视角也能理解，当信息挑战和信息处理能力不断保持在平衡状态时，会激发神经元的最佳潜力表现。

策略 3：学会提取，测试学习

其实提取练习并不是什么新概念。学校设置的随堂测验、月考、期中考就是属于提取练习，遗憾的是因为分数排名的竞争感，让考试成为最被排斥的学习方法，这真是低估了测试的作用。

我自己也一直保留着"看电影"的学习方式。就是在睡觉前，像放电影一样，过一下所有的课堂重点，如果有卡住的就记下来。第二天或反复琢磨或请教别人，直到弄明白。而日常生活、工作中所谓的"复盘""吃一堑，长一智"的智慧，其实都暗含了提取练习的策略。

提取之所以能帮助记忆和理解，其核心是对记忆过程产生了本质影响，在重复中加强了神经元回路。

所以，按照这个道理，我们可以优化阅读方式：当看完"提取"这个概念后，你可以试着回想一下"组块"是什么。看完这一章内容后，你可以考考自己上一章的重点是什么。

在我们的学习过程中，最大的错觉就是以为"记住了就是掌握了"。因为大脑爱偷懒，偏向选择容易的路径而不花力气。其实分散学习、交叉学习和测试学习，只是看上去"复杂"了一点，但是并不比传统学习方式更花时间。

科学告诉我们，学习需要有"必要难度"，懂得运用"组块+提取"策略才会真正高效。

要点提炼

- 三个公式：

  认知效率 = 组块 + 提取

  组块 = 集中注意力 + 理解要义 + 明确背景 + 有效练习

  提取 = 分散学习 + 交叉学习 + 测试学习

- 组块就是将信息碎片打包，形成有意义的合集。在专注和重复中，神经元会连接成一条回路。
- 有效提取的关键在于有必要难度。分散学习、交叉学习和测试学习，只是看上去"复杂"了一点，但是并不比传统学习方式更花时间，反而更有效。

实践练习

- 请列出最近你想弄懂的三个新概念,以及组块的步骤。体会一下有效组块的过程。

- 请尝试回忆一下对"元认知"的理解,感受一下"必要难度"带给自己的好处。

- 觉察你对分散学习、交叉学习和测试学习的理解和感受,你是否愿意尝试新的方法来提升自己的效能?

决策力

第10章

秩序：如何让学习更"丝滑"？构建一套根本的学习秩序

> 外在的秩序有助于实现内心的平静，给人更多的自由。
> ——格雷琴·鲁宾

学习高手总是希望学习过程高效一点，再高效一点，最好可以如行云流水般流畅，我更愿意用"丝滑"一词来比喻这种状态。

上一次让我感受到这般"丝滑"的人还是毕加索。

有一次，毕加索在咖啡厅里突然产生灵感，忍不住就在餐巾纸上画了起来。邻座有位女士看到，觉得他画得特别好。

几分钟后，毕加索喝完咖啡要离开时，准备扔掉那张餐巾纸。女士问道："能把餐巾纸卖给我吗？我可以出钱买！"

毕加索说："当然可以，但你要支付两千美元。"女士惊呆了："什么？！你画那东西只不过用了两分钟而已！"

毕加索回答道："夫人，并非如此，那耗费了我60年。"

创造"丝滑"的状态是门手艺。只有那些打通一项技能中的所有细节关卡，并且勤于练习的人才会有这门手艺。

如何让学习更"丝滑"呢？

有效答案万千，但一定离不开一条：构建一套更根本的学习秩序。

然而，要想构建这套秩序并不容易。环视四周，我们如今的处境犹如豪尔赫·路易斯·博尔赫斯（Jorge Luis Borges）在《巴别塔图书馆》(The Library of Babel)中的形容，"一座广大无边的图书馆里藏着所有文字记载，在图书馆某处藏着一本书，这本书解释了这座图书馆存在的原因以及使用须知。然而，图书管理员却怀疑自己永远都无法从一大堆无意义的书中找到这本书"。

我们只有重建秩序才能实现真正高效。学习秩序，就是世界图书馆的"说明手册"。没有手册，图书馆就是一片混沌。

秩序反映出你的价值观，帮你判断事务孰轻孰重，决策谁先谁后。

怎么定义"重"与"轻"呢？**要看它对达成目标的长期影响。**如同个人职业发展专家博恩·崔西的经验，"优秀者往往能准确预测一件事做了的结果和不做的后果，直接判断一项任务是否应该现在完成"。

更具体点,怎么评估这个影响,确定决策的轻重呢?

只需问自己3个"10"。

(1)这个决策在 **10分钟**后,会产生什么影响?

(2)这个决策在 **10个月**后,会产生什么影响?

(3)这个决策在 **10年**后,会产生什么影响?

这里请稍微运用一下你的想象力,假设你意识到"建立学习秩序"的重要性,如果没有这套秩序,就是打乱拳、不断低水平重复做工,于是你下决心要好好掌握一套学习秩序。接下来会发生什么呢?

你会花10分钟阅读下一章,收获一套学习流程,开始琢磨、比对自己的流程;

10个月后,你经过践行这套流程,不断打磨、调整,搭建起自己的学习系统,拥有了真正的"元学习"能力;

10年后,这个元能力早已成为你傍身的核心技能,让你"闯荡江湖"无所惧怕,因为你已经拥有了不断进入新领域的底气与智慧,这种底气使你在热爱的领域成功筑起高楼,这种智慧让你有不断从 0 到 1 的确信。

我实在想不到,在一切技能学习中,还有什么比"建立一套底层学习秩序"更重要的决策了。

学习秩序,也可以说是由你深思熟虑后,一套用数个大小决策组合起来的流程。

在学习力的章节中，我们了解了学习的全貌与认知的全过程，本章我们要进入"学习深水区"，聚焦关键动作，打通学习中涉及的每一个决策环节，减少阻碍与困惑，打造学习流程"丝滑"般的体验。

这些细节如下。

- 知识究竟是如何获得的？
- 我们如何验证自己获取的知识是有效的、有价值的？
- 什么时候我们可以对外分享自己的知识？
- 面对海量信息，我们该从哪里下手？聚焦何处才是正确的着力点？
- 多种学习方式（听、说、读、写），哪一种学习方式更好？
- 什么样的学习材料才是优质资源？
- 怎样阅读才是兼具深度与广度的阅读？
- 如何判断信息的真假，评估信息的优劣？
- 怎么找到信息的"清源"，减轻自己的认知负担？

我将这些关键总结成的公式如下。

决策力 = 构建秩序 = 输入路径 + 聚焦优势 + 优质阅读 + 认知过滤器

接下来，就让我们先从"输入路径"开始，了解获取知识的过程，逐一厘清上面的问题。

第11章

输入：知识究竟是怎么获得的？获取知识的5个步骤

> 对于无法言说之事，我们应该保持沉默。
> ——哲学家 路德维希·维特根斯坦（Ludwig Wittgenstein）

我在学习写作的过程中，曾和不少人一样遇到过一个问题，即符合什么样的条件后，我们就可以公开发表内容呢？

从想法的诞生到有公开发表的信心，我发现这还真是一个涉及许多细节的技术活。看似是写作的事情，但其实是知识获得的事情。这个问题其实是在问"什么时候，我们才能确定自己真正拥有了知识"。

我个人的秘诀就是一串数字：15511（图11-1）。

```
    1        5        5        1        1
1个关键词  阅读5本书  请教5个人  发现1处  创造1个故事
                              空白领域
```

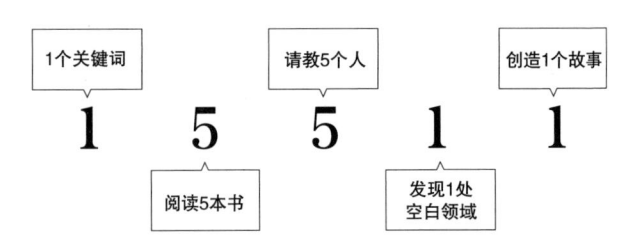

图 11-1　获取知识的 5 个步骤

它分别代表：1 个关键词、阅读 5 本书、请教 5 个人、发现 1 处空白领域、创造 1 个故事。当我们拥有自己对一个话题的系统理解后，就能踏实地说，这个知识我"获得"了，有信心对外分享。

具体来说，可以按照下面的步骤操作。

"1"：1 个关键词

还记得驱动力一章中我提到了最自然、简单的驱动力——好奇心吗？

当我们决定开始了解一个领域时，同样可以先从自己感兴趣的话题或问题入手，找出一个关键词。兴趣就像鱼钩，会引导你在知识的海洋中钓出大鱼。

比如本书的缘起，起初我只是想对电脑资料进行整理，寻求方法，梳理断舍离等管理术。在整理资料过程中，我又开始思考，这么多经验，该怎么有效地传递给团队成员？传递过程中又发现行业内有非常多的资源可以整合与更新，怎么做更好呢？在搜索过程中顺藤摸瓜了解到"知识管理"。

进一步对这个关键词进行搜索，谁知一进汪洋深似海，我就这样爱上了这个主题。

然而要想真正"获得"知识，并有效输出，经过上一章的学习，你会发现我们需要"组块"的帮助。

重点组块如下。

● **历史叙述**。行业报告和专业刊物上有许多现成的积累，通过看历史叙述（Review），我们就能快速了解一个领域发生的事情，提高学习速度。

比如我在准备"学习理念"这一节内容时，为了更深入地了解教育理念的动态变化，就先专门翻阅了《西方教育学名著提要》这本书，了解从柏拉图时代到今天近 2400 年间，教育领域发生了什么，从而快速提炼要点。

● **专业术语**。专业术语包括概念、原理、机制、公式等。尤其是当专业术语多次出现时，说明它在这个领域的重要性就像九九乘法表对数学的重要性一样。你需要学习它，直到你一看到这个术语就知道它要讲什么。

● **兴趣点**。兴趣点包括你觉得好奇、有意思、兴奋的地方。这会帮助你巩固神经元的记忆回路，形成长期记忆，有助于续力学习。

"5"：阅读 5 本书，难度等级从 0 星到 5 星

为什么是 5 本？其实也可以更多，只是从时间性价比而言，阅读 5 本效率最高。

这个阶段要将重点放在培养兴趣和熟悉专业术语上，从而建立该领域的基础性知识结构。

这 5 本书该怎么挑选呢？并不是随随便便选 5 本书就可以，我们可以参考下面的标准。

- 入门类一本，难度半颗星

形式上如漫画、小说或是工具书都可以。这本书就像是一张门票，让你先进入这个新世界。

- 畅销书一本，难度 1~2 颗星

选择和主题关联性更强、广受好评的一本畅销书。这一类畅销书和实际生活需求联系比较紧密，读起来更具适用性。它会增强你的兴趣，在阅读的过程中，你会开始留意更深入的具体问题，这能促进你继续探索，为更艰深的阅读做准备。

- 技术性图书一本，难度 2~3 颗星

这一本依然比较有意思，同样会增强你的兴趣，但开始涉及一些细节和专业术语，是行内人才能看懂、听懂的。阅读本书会让你视野更加开阔，使你开始有更广泛的背景知识。举个例子，如果你读了两本自助心理学书籍，那么第三本你就可以涉足动机心理学的发展历史。

- **专业书一本，难度 3~4 颗星**

到了这一本，才是真正学习的开始。你可以找一本该领域的经典教材好好"咀嚼"，经过这一本，你会学到一个领域的来龙去脉、基本原理，行业专家到底在思考什么，你可能还会看到许多相左的意见，让你有冲突感甚至是崩塌感，一时之间不知该如何是好，这都非常正常。但最重要的是，你要理解这些关键概念、观点为什么存在，以及它们的背景。只有知道为什么，日后碰到一些概念，你才会理解作者的真实意图。

- **前沿性图书一本，难度 3~5 颗星**

这本书的用途在于关注未来，即这个领域的前沿专家在思考什么问题，又在关注什么方向，从而了解行业的节奏发展。这本书或许不是最难读的，但可能是最难理解的，因为需要想象力，甚至跨领域知识。

比如，我对知识管理感兴趣，起初是《断舍离》一书让我有了"整理"的基本概念和框架，再是《好好学习》一书让我从实物管理扩展到虚拟知识的管理，再是《你的知识需要管理》一书使我开始学习知识管理的基本术语和更全貌的框架，还有迈克尔·波兰尼（Michael Polanyi）博士的《个人知识：朝向后批判哲学》，此书耗费作者 10 余年的心血创作，对于"知识"两个字形成逻辑严密的论证让我了解了大量专业术语，最后行业泰斗、全球知识管理大师野中郁次郎先生的《知识创造的螺旋》等系列读物，帮助我了解了知识管理在企业中的实际应用以及未来发展。

再比如,你对学习这个话题感兴趣,起初可以阅读《聪明人用方格笔记本》,之后读《学习之道》,接着是《学习的本质》,再到经典教材《人是如何学习的》《人是如何学习的Ⅱ》《教育神经科学》,最后是《有序:关于心智效率的认知科学》,过程中还可以参考《西方教育学名著提要》等书了解教育领域观念的变化与发展,知晓当下教育领域最关注的是教育学、心理学与神经科学之间的交叉地带。

经过 5 本书的学习,你对该主题的基本结构就有了了解。在这一过程中,你一定积累了大量感兴趣的问题,下一步就可以与人交流了。

"5":请教 5 个人

生在互联网时代的我们有着得天独厚的优势,完全可以通过"在行"应用程序或是社群、邮箱联系到不同行业的专家、行家和高手。

为什么要有请教过程呢?因为单单看书的确可以学到很多干货,但碍于纸张这种介质的局限性,以及作者写作也会面临大量鲜活材料的筛选,必然会有一定程度的材料损失。通过请教,你会更细致、多维度地了解行家里手的思路。

请教其实也是个技术活,你可以这样做:

- **提前读完**对方的作品并记录感兴趣的问题。
- **尊重对方的时间安排**，一般 30 分钟到 60 分钟为宜。先简单介绍自己和自己在对方作品中的受益之处。不用说太多你的故事，而是真诚地提出你想请教的问题。
- 用**归零的心**了解行家背后的故事。但这并不意味着要提出白板级的问题，如果你的问题在百度上可以找到答案就千万别带到现场来询问。比如你可以问问："您的作品里提到某个观点，请问您是在什么契机下想到的？"
- 如果连续多个人都说你的问题很精彩，那就说明你在这个领域真的上道了。

在请教的人选上，我一般建议：实战商业专家、学术专家及其学生、前沿研究者、作者等，可以特别找一下观点不同的人，这样你会收获更丰富视角的观点。如果你身边资源特别充足，还可以通过组织论坛等方式促进交流。

"1"：发现 1 处空白领域

在我求学写论文期间，导师刘畅特别强调"要有自己的观点"。因为她有历史学、社会学和人类学的学术知识背景，每次提问，我发现她都可以从容地从时间线、社会和人性的广阔视角给出答案，并且举出翔实的例子来说明观点。

有一天，我在办公时间忍不住请教她："研究真是一门综合艺术，我发现一个高质量的研究有时依赖于一个精彩的问题。如果想真正在研究领域有所建树，如何提出精彩的问题呢？"

她的回复，让我受益至今。

导师说："提问其实需要天赋和训练，好的问题大概分4类：①擅长观察社会，比如学者项飙对北京浙江村现象的观察，他在本科生阶段就进行了社会学的经典研究；②借助已有文献，利用敏锐的'嗅觉'，找到不同领域的连接点；③从生活实践出发，对生活有真情实感，比如质的研究[①]专业学者陈向明，就是在国外留学的经历中提出中美留学生的相关问题；④急迫的现实问题敦促我们找到理论依据和参考方向。无论是哪一类，多多关注已经研究、解决的问题是什么，还没有被研究的问题是什么，这些才是真正值得研究的问题。"

空白的地方，才是要投入的地方。

人类的进步和创新本质上都是在"拓荒"，哪怕是"微拓荒"也是在找寻"空白"处。

记录学习的过程也是如此，因为专注会让你更加投入，无论是讲座、研讨还是交流。借此，你会提高效率，迅速找到那个开放性的问题，也是唯一值得写的问题，并且是属于你的问题。

[①] 质的研究是指以研究者本人作为研究工具，在自然的情景下采用多种收集资料的方法对社会现象进行整体性探究，使用归纳法分析资料和形成理论，通过与研究对象互动及其行为和意义建构获得解释性的一种活动。——编者注

在这个空白领域，继续激发你的好奇心，每天投入一些关注，看看杂志、视频，和人交流。像我之前形容的一样，真正的好奇心会帮助你在深入与投入的研究里悄然建立起专业护城河。

"1"：创造 1 个故事

故事是人类历史上最古老的影响力工具。《人类简史》的作者尤瓦尔·诺亚·赫拉利（Yuval Noah Harari）甚至说："人类之所以成为地球的主宰，就在于人类能创造并且相信虚构的故事。"由此可见故事力量的伟大。

故事，其实就是一种结构，它有因果关系，有发展脉络，有人、事、时、地、物的要素。

经过前面四步后，我们已经积攒了大量知识并发现了一块极有价值的领域来研究，现在就是形成结构的阶段，这能让你的神经元连接更加牢固、紧密，是对组块再组块的过程。我们可以借由文章、作品、科技发明等方式来讲述这个故事，这也非常符合前面提到的认知发展过程（记忆、理解、应用、分析、评估和创造），最后在创造中完成认知闭环，形成自己的洞见。

至此我们才终于可以说："这个知识我获得了，分享给你。"

如何真正拥有知识，每个人都有自己的心得，我的密码是"15511"，你的呢？

要点提炼

- 一个公式：知识输入 =1 个关键词 + 阅读 5 本书 + 请教 5 个人 + 发现 1 处空白领域 + 创造 1 个故事

实践练习

- 试着觉察你自己过去知识输入的过程是什么样的，和"15511"的方式有什么不同。

- 请列出你最近想弄懂的一个领域，以及对应的 5 本书分别是什么。你想请教的 5 个人分别是谁？

- 请列出你正投入的领域，它的"空白地方"有可能在哪里？如果是你重新来讲述这个领域的故事，你会删减、增添哪些东西？

第12章

优势：从海量信息中究竟学什么？聚焦你的核心优势

> 成功的事业不能仅靠"规划"取得成功。当一个人充分地了解自己的优势、工作方法和价值观，并做好随时抓住机会的准备时，成功就是水到渠成的事了。
>
> —— 彼得·德鲁克（Peter Drucker）

天赋，生命的礼物

马克·吐温写过一个故事。

有一个人死了，在天堂之门处遇到了圣·彼得。这人知道圣·彼得是一位智者，所以就问了一个困扰了他一生的问题。

他说："圣·彼得，这些年来，我一直对军事历史感兴趣。

你能告诉我谁是迄今为止最伟大的将军吗?"

圣·彼得指了指不远处的园丁,很快回答道:"哦,这个问题很简单。就是那个人。"

"你一定搞错了。"这个人很困惑地说,"生前我认识那个人,他只是一个普通的劳动工人。"

"这就对了,我的朋友。"圣·彼得肯定地说,"如果他曾经做过将军的话,他就会成为迄今为止最伟大的将军。"

这个简短的寓言给予我一种警醒:**天赋(gift),如它的名字一样是一份礼物,不要辜负生命的美意,要努力挖掘它。**

我们生活在一个拥有海量信息的时代,比起前人没有机会发现自己的天赋,我们更容易进入的误区是**方向错误或是进行了太多次无效尝试。**

方向错误,是指花太多时间在"短板"上,这点可能是因为我们受"木桶理论""苦心人天不负"的隐形影响,走上了一条最难的路。太多次无效尝试,是指我们容易学得广但不深,没能将天赋潜能完全开发,形成优势,反倒造成了"伤仲永"的悲剧。

正如伟大的管理者彼得·德鲁克所言:"成功的事业不能仅靠'规划'取得成功。当一个人充分地了解自己的优势、工作方法和价值观,并做好随时抓住机会的准备时,成功就是水到渠成的事了。"我们应该做的是,充分了解自己,扬长避短。

优势是什么?

1998年,"优势心理学之父"唐纳德·克利夫顿(Donald O. Clifton)意识到周遭环境过度关注人们缺乏什么,告诉人们要如何成长。他为了能够让大家更多关注天赋,即那些人们擅长的事,就召集了一支团队,完成了10万多份采访,开发出了优势识别器,帮助人们更容易找到自己的天赋,并构建真正的优势。在开发过程中,他们发现最成功的人都是聚焦天赋,然后再学习知识和技能,并加以练习,最后形成了能力壁垒,成就个人事业巅峰。在多次打磨后,他们提炼出公式:

天赋 × 投入 = 优势

- **天赋**:天生的思考、感受、行为方式。
- **投入**:投入发展技能、学习基础知识上的时间。
- **优势**:持续呈现高水平表现的能力。

尽管人会随时间而变,但是核心个性特质是相对稳定的。英国伦敦精神病研究所的卡斯比教授曾做过一项跨度为23年、针对1000个孩子的研究。研究显示,孩子3岁和26岁时的个性非常相似,所以天赋是优势重要的基础,而缺少必要的天赋练习,就像没有浇水的种子不会发芽一样。只有两者结合,才能发挥潜能,形成优势。

如何找到你的优势？

结合我自己的经验，我将分享以下 3 种方法。

方法 1：优势测评

搜索优势测评等关键词，找到对应的网站或工具。基于大数据的模型参考，帮助自己更快"对号入座"。

比如：克利夫顿优势评估、盖洛普优势识别器、DISC[①] 行为风格测评、皮纹测试等。

方法 2：成就清单法

我个人更喜欢的是第二个方法，这种方法更具自主性，那就是"成就清单法"。

还记得我初入职场的第一课就是优势梳理，我的教练薇薇安（Vivian）曾说："对绝大部分人而言，专业不是最重要的，毕业学校不是最重要的，有没有证书不是最重要的，真正最重要的是我们知道自己想做什么、能做什么。认识自己会帮助你更好地展示自己，也帮助公司认识你。"她让我写下个人的 50

---

① DISC 行为风格测评是广泛应用的一种人格测验，用于测查、评估和帮助人们改善其行为方式、人际关系、工作绩效、团队合作、领导风格等。——编者注

个成就分享给同伴。

成就清单里可以包括任何事,只要是你做出的,并引以为傲的就可以。在成就清单里,你会对自己的"才能、技能、性格特点、价值观、驱动力"有更多了解。试着合并同类项,找出自己的独特之处。

你或你的朋友可以总结出三四个很特别的成就并探索下面的问题。

问题1:你为什么想做这件事情?

问题2:为什么你认为它是一个成就?

问题3:这个成就是怎么实现的?你在过程中跨越了什么困难?

问题4:别人也同样做了这件事,你的这件有什么不同?

认识自己要基于事实依据,而不是停留在笼统和感觉上。比如,你自认为"我喜欢和人打交道",但可以进一步提问:"我喜欢和什么类型的人在什么状况下(高度竞争还是友好相处)打什么样类型(如面对面还是书面)的交道?"

在不断深入询问自己的过程中,你会更了解自己。

方法3:回馈分析法

彼得·德鲁克在《自我管理》(*Managing Oneself*)一文中提

到:"要发现自己的长处,唯一途径就是回馈分析法(feedback analysis)。每当做出重要决定或采取重要行动时,你都可以事先记录下自己对结果的预期。9到12个月后,再将实际结果与自己的预期比较。"

这其实就是通过记录追踪,以目标为轴,进行自我反馈或者说是复盘。也可以以周记、月记、季度记的形式,但最重要的是找到适合自己的节奏。

德鲁克本人就践行了这一方法15到20年,并且说:"每次使用都有意外的收获。将实际结果/效果与你的预期进行比较,通过比较,你就会发现什么事情你可以做好,什么事情你是做不好的。"

在发现优势之后,我们又该如何进一步发挥呢?

如何发挥你的优势?

一句话:像一把锥子一样,找对点,用对力,并持续用力。

原则1:找对点,聚焦一处发力

当比尔·盖茨第一次见到沃伦·巴菲特时,盖茨的家人让他们分别分享自己取得成功的最重要因素。他们给出了同样的答案:"专注"(focus)。无独有偶,在传记《我眼中的布鲁斯》中,李小龙的妻子琳达问丈夫:"什么样的对手会让作为世界第一的你害怕？"李小龙说："我不怕会一万种招式的人，我只怕把一种招式练了一万遍的对手。"

怎么找你的"一种招式"呢？关键在于要**让你的优势更具稀缺性**，看到你和别人的差异化因素，学会把自己放在对的位置上。

举个例子，能够参加奥运赛的选手都是极具运动天赋的，但冠军只有一个，因此，选择合适的比赛项目非常重要，刘翔就是一个典型的例子。

1998年，"国宝级别"田径教练孙海平某一天在一体校偶然发现了刘翔，看他跑步挺快而且节奏感不错，又观察了一天觉得他是个跨栏的好料子，就让刘翔试试跨栏，没想到刘翔的栏间节奏感和速度一下子打动了孙海平。孙海平就和刘翔家人软磨硬泡半天，最后把刘翔带入了国家队，刘翔才走上了专业运动员的道路。后来孙海平又发现刘翔虽然在速度上有优势，但技术性差一些，因此，根据他速度快的特点，有针对性地训练他，将他培养成了高于原有水平的跨栏运动员。

如果没有教练慧眼识人，帮助刘翔找到定位，选择了最有价值的跨栏项目，也就不会有后来的"亚洲飞人"了，当年那个青年还在跑道上费功夫呢。

原则2：用对力，快速学习提升能力

知识会过时，但是能力在各个岗位是通用的，因此在投资天赋的学习过程中，重点在于提升能力而不是积累知识。

如何快速掌握入门技能，我在"技能篇"里有详细描述。

这里划一个重点：**尽量不要选低水平、重复性的技能投入。**如操作机器型技能。你可能没有意识到，很多初级白领其实也在运用某种操作型能力，比如日复一日地写报告、做表格、操作 Office 软件。但是咨询、顾问等技能考验的就不是谁 PPT 做得好了，而是思考、商业理解等更抽象的能力。当然，我们的成长都是先从操作性技能开始的。

原则 3：持续用力，不断更新

唯一可以确保个人能够长期发展的方法就是**定期退一步**，从一个更广阔的视角来看待问题。

思考哪些事情要多做，哪些事情不要做和少做，哪些要交给别人做，哪些事是要握住机会的。这就是 SWOT 工具（图 12-1），即优势（strengths）、劣势（weaknesses）、机会（opportunities）和威胁（threats）分析的作用与内涵。

	有利的	有害的
内部	优势	劣势
外部	机会	威胁

图 12-1　SWOT 原则

其中，优势和劣势是内部因素，前者包括你学过什么（知识）、你做过什么（技能）、你的爱好是什么（兴趣）、你擅长什么（特长）等，后者包括性格弱点、知识缺乏、技能和经验的缺乏等。

机会和威胁是外部因素，前者包括社会利好环境、行业发展机会、时代机遇、地区发展机遇等；后者包括行业整体衰退的可能、竞争对手过于强大、职业发展前景受限等。

"双减"政策、新冠疫情突袭等导致许多人被迫转型，不少互联网大厂和教培机构职员也被迫转型。如果运用SWOT分析梳理机会，不断重新定位，我们就可以找对新点，持续发力，甚至是提前预知未来风险。

不断更新，会让我们与劣势共生、与优势共赢，学会把握机遇，往高处驰骋。

还记得开头那个普通的园丁吗？如果他曾经做过将军的话，他就会成为迄今为止最伟大的将军。请不要辜负你的天赋，持续投入，将天赋变成优势并放大，让它成为你给这个世界的礼物。

> **要点提炼**
>
> ● 两个公式：
>   优势 = 天赋 × 投入

聚焦优势 = 找对点 + 用对力 + 持续用力

> **实践练习**
>
> - 觉察你是否在基于自己的优势努力。
>
> - 请列出你的优势是什么。如果还没有发现你的优势,请尽快尝试优势测评、成就清单法、回馈分析法。
>
> - 请思考一下:你把优势放对地方了吗?如何提高你的"稀缺性"?
>
> - 请尝试使用 SWOT 原则发现你的机会点。

第13章

阅读：为什么一定要阅读？性价比最高的投资

经由前文，我们在了解知识获得的步骤、到底要学什么之后，谈谈用什么方式和材料来学习。

为什么你一定要阅读？

"阅读是思想最早的义肢"，法国哲学家安妮·法戈-拉尔若（Anne Fagot-Largeault）早早道出了阅读的重要性。

不过此话并不全对，因为伟大思想的本质附着在"语言"上，文本只是载体之一。语言的载体形式多样，包括文本、视频、音频、线下交流等。阅读的确不是唯一方式，但为什么我一定要坚持阅读呢？

因为阅读是性价比最高的投资，从时间、金钱、人际连接的成本角度来看皆是如此。

以我自己为例，作为创作者，写出一篇文章需要4到6个小时，准备一篇演讲稿要 1 到 3 天，设计一堂课会花费 7 天，而撰写一本书则要 6 个月到 3 年时间不等。当书籍出版，再受邀演讲、讲课时，我会从书籍里取材并扩展分享。同等学习时长，比起阅读，听众在听课、演讲中其实难以捕捉很多细节，学习并不全面、系统。

因为现代教育越发专精，作为学习者，要想有开阔的视野，就要靠自己广泛涉猎来实现，而阅读便可实现这一目的。这也很符合二八定律，阅读一本书让我们付出 20% 的努力就能有 80% 的收获，实现对一个主题的快速掌握。

书，并不是单纯的信息打包。作为读者，读一本好书，就像与一位智者交谈。作者写书是为了出名吗？不是的，他们写书的真正原因是没有忘记自己的责任——把一生寻到的真理写进书里。科学家、艺术家、企业家以及政治家都是如此。因此，书籍的信息密度更高，也更纯粹，这也是经典好书值得一读再读的原因之一。

而且中国的书真的很便宜，有的连一杯咖啡钱都不到。想象一下，你在午后花园思忖人生，只需百元多就能随时"请出"书架上的柏拉图交流一会儿，需要的话还能"叫上"亚里士多德和苏格拉底来讨论，岂不快哉！

虽然知道阅读重要，但我发现还是有大量朋友难以养成阅读习惯，其中不乏一些阻碍和误区存在。

阅读的阻碍与误区

我听到的常见理由，大致可总结为3点："没时间、没精力""看不懂、记不住""读不下去"。

但更深的原因在于背后的误区，对应起来就是：认为读完整本书会给自己带来不必要的压力；搞错谁才是学习主体，使书籍成了学习主体而不是自己；缺少阅读目标，为了读书而读书。

其实成人学习不似求学阶段，大多不再围绕考试、考证进行，所以无须记住所有知识点，也不用非得把书读完，可以聚焦问题和需求，提升能力。这样说并不功利，我想强调的是，读书要"有的放矢"，要像寻找猎物一样，当一个知识猎人。

日本学者梅棹忠夫在《智识的生产技术》一书中更是将阅读分为两种，即"消费型"和"生产型"。

消费，顾名思义，花了钱就不剩什么了。它表现为买了书却不阅读，或是读书只是为了消遣，当下感觉很好但是过后就忘记了，这样阅读使书成了盖了你名字的物质资产，你拥有的不过是一堆文字。

生产，意味着给你带来了生产力，表现在思维、行动、生活上，是以改变自己为目标。此时，书才是你的精神资产，让你拥有智识与生命力。

在看清阻碍、调整期望后，我们可以怎样培养自己的阅读能力呢？实际上，不同阶段的侧重点不同。

阅读的阶段与方法

阅读大体可以分为两个阶段：学习阅读（learn to read）和通过阅读去学习（read to learn）。

学习阅读阶段，以培养兴趣和习惯为主；通过阅读去学习的阶段，要兼顾深度和广度，有意识地建立自己的知识体系。许多人没有经历第一阶段就直接到第二阶段，难免会"苦"读书，更难持续阅读。

两个阶段的要点又是什么呢？前者侧重于营造环境，后者重在分层选择。

营造环境，主要是要解决什么时候读（when）、在哪里读（where）、和谁读（who）这3个问题。

英国知名儿童文学作家艾登·钱伯斯（Aidan Chambers）在著作《打造儿童阅读环境》中提到，要培养"阅读脑"，让阅读成为一件特别的事情，可以从区域、时段及气氛来进行改造。成人学习亦是如此。以我家为例，我和先生都是读书爱好者，家里没有电视，只有一面墙的书柜，书房、卧室床头、厕所旁都是书籍，实体书就有3000多本，这还不算各种应用程序里的电子书、有声书。阅读完一本书后，我会和先生实时交流两句读书心得，或是随手输出在阅读社群里，打造随时、随处、随口可分享的读书环境。

比尔·盖茨一周至少阅读5本书，假期他会带上一袋子书到个人小屋里封闭式阅读一周；韩国蒲公英咖啡馆的店长池胜龙先生3年读了2000本书；日本首富、软银集团的孙正义董事长生病2年读了3000本书。不论你有多忙，请记得创造环境让自己阅读。

分层选择是指根据书籍内容的含金量高低，将读书分为粗览书籍、细览书籍、经典书籍三层。好像一棵树一样：经典书籍用来扎根，能够建立体系框架，需要逐字逐句反复阅读；细览书籍是枝干，能够发展知识网络，提炼要点，建立联系；粗览书籍是树叶，能够丰富细节用于更新。分层阅读让我们可以对一个主题尽可能地全面了解，构建专业能力，同时也能让自己在众多观点中保持客观中立。**这是可以兼顾知识完整度、广度和深度的唯一办法。**

在研究知识管理这个主题时，我和300位同感兴趣的朋友一起用4个月的时间共读了30多本主题书及相关论文。我们就是按照"根—干—叶"（图13-1）的方式阅读，先理出该主题的人物和事件脉络，然后对搜索到的书籍进行分层，将不同的书搭配起来阅读。最后，研发出个人知识管理的系列课程。

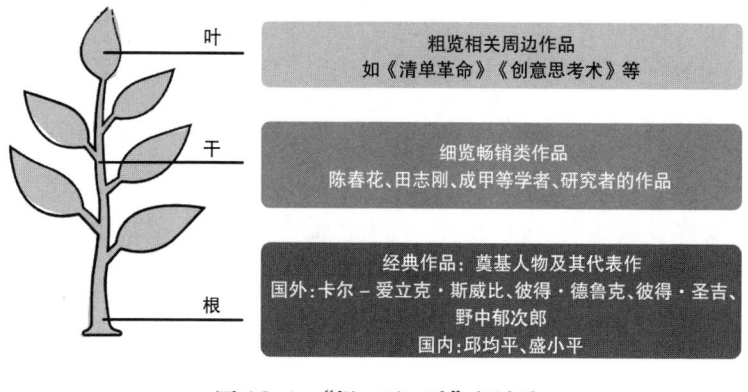

```
叶 ── 粗览相关周边作品
         如《清单革命》《创意思考术》等

干 ── 细览畅销类作品
         陈春花、田志刚、成甲等学者、研究者的作品

根 ── 经典作品:奠基人物及其代表作
         国外:卡尔-爱立克·斯威比、彼得·德鲁克、彼得·圣吉、
         野中郁次郎
         国内:邱均平、盛小平
```

图 13-1 "根—干—叶"阅读法

具体如何阅读一本书?

关于具体如何阅读一本书,最高效的方法莫过于阅读《如何阅读一本书》,作者是美国出版界传奇人物莫提默·J.艾德勒(Mortimer J. Adler)和他的挚友查尔斯·范多伦(Charles Van Doren)。莫提默因担任第十五版《大英百科全书》的编辑而闻名于世,而《如何阅读一本书》也成了阅读方法的教科书。

这本书将阅读层次分为基础阅读、检视阅读、分析阅读和主题阅读,全书围绕四个问题对应讲述了阅读的方法和技巧。为方便学习,我把这四个问题称为"阅读四问"。**这四个问题分别是:这本书到底在说什么?具体怎么说的?作者说得对吗?我可以怎么用在生活中?** 如果你能回答这四个问题,那说明这本书你读懂了。

创作营的朋友"春风"把"阅读四问"制作成了一张阅读卡，方便大家随手记录，实现更好地读懂一本书这一目标。

问题1：这本书到底在说什么？

首先我们来看看第一个问题，这本书到底在说什么？

每本书的封面之下都包含一套自己的骨架，读者的任务就是找出骨架。我们可以从分类、架构、主题三点入手。

● **分类**。拿到一本书可以先判断这本书是虚构类还是非虚构类书籍。不同类目的书籍，阅读方法不同。本章谈及的方法更适合非虚构类书籍，即小说、论说性书籍除外。

先浏览一遍主书名、副书名、目录、序言、摘要介绍及索引。比如《如何阅读一本书》的书名、序言和目录里反复出现阅读、方法、目标等词，可以确定它是非虚构类的实用性书籍，关注阅读技能。

● **架构**。大多数情况，目录即架构。但我们还需要阅读书中内容来验证和补充架构。可以采用"快速翻阅"的方法通读全书，碰到不懂之处或眼前一亮的词句快速标注，验证和补充目录，得到最终架构。

● **主题**。回看架构，就可以一览整本书的主要内容，找出作者想解决的核心问题，比如"如何阅读"。

完成这三点后再决定是否有必要进一步细读。

弗兰西斯·培根（Francis Bacon）曾说："有些书可以浅尝即止，有些书是要生吞活剥，只有少数的书是要咀嚼与消化的。"当你用心翻完一本书,是否细读,答案自现。

下面,我们关注第二个问题,作者在这本书中具体是怎么说的?

问题 2:作者在这本书中具体是怎么说的?

这个问题我们主要从"关键词、关键句和作者主张"三个方面寻找答案。

- **关键词**。关键词指书里反复出现的表达作者意图的词。我们在快速翻书时,那些做过标记的、反复出现的专门用语或特殊词语,都有可能是关键词。

比如在《如何阅读一本书》里,作者提出三层意义:"为娱乐而阅读""为获得资讯而阅读""为追求理解力而阅读",并强调最后一层意义是我们阅读其他内容的基础。

- **关键句**。在确认每个关键词的准确意思后,接下来我们要找到和全书主旨相关的关键句。一本书中通常包含了一个或几个观点的论述,这些论述观点就是我们要找的关键句。

有些书会将关键句用下划线或加粗等方式强调,或放到章节最显眼的位置,但有些作者善于隐藏,会把论述观点渗透到各个角落,我们可以通过前面找到的关键词来寻找这些重要句子。

- **作者主张**。我们把书里的关键句找出来,并找到作者想表达的意图后,按照逻辑顺序,总结出一套完整的讲解和观点论述,这就是作者的主张。我们通过这些主张,来判断作者是否已经解决他所提出的问题。比如在《如何阅读一本书》里,作者通过"阅读四问"完整地展现了他对"阅读"这个技能的思考。

接下来，我们需要思考的是，作者说得对吗？

问题 3：作者说得对吗？全部正确，还是部分正确？

当我们可以提出个人看法并对书进行评判时，才算真正地读完一本书。

比如对于《如何阅读一本书》，你可以判断：书中提到的阅读方法真实可行吗？自己在平时是否也用了这些方法？还有其他更好的阅读方法吗？如果你有不同于作者的观点，可以写下来。

基于《如何阅读一本书》，我们可以在阅读卡上写："分析阅读的方法是理想化的，就像在驾校的驾驶手册，每一条规则都很严谨，但在实际驾驶中，我们并没有按手册的每一条规则来执行。我们在实际阅读时，还需要根据书的种类、特质，减少或增加一些阅读技巧，但阅读的通用规则，可以帮我们养成一个良好的阅读习惯。"

问题 4：我如何将从书中所获的知识应用在生活中？

迈克尔·波兰尼在《个人知识：朝向后批判哲学》中表示，"工具只有被人们相信能提供某种用途时才会被依赖"。《如何阅读一本书》作为阅读工具书，方法含金量极高，不仅能够教会我们如何阅读，还让我们从书中提炼出"阅读卡"（表 13-1），方便日后更多践行。

表 13-1 阅读卡

阅读卡	
阅读四问	重点内容
问题 1：这本书到底在说什么？	分类：
	全书架构 1. 2. 3.
	主题（用最简短的句子说出整本书在谈些什么）：
	作者想要提出/解决的问题：
问题 2：作者在这本书中具体是怎么说的？	关键词 关键词 1： 关键词 2： 关键词 3：
	关键句 关键句 1： 关键句 2： 关键句 3：
	作者的主张（找出作者的论述，重新架构这些论述的前因后果） 论述观点 1： 论述观点 2： 论述观点 3：
	作者已经解决了哪些问题，还有哪些是未解决的？ 在未解决的问题中，哪些是作者认为自己无法解决的问题？
问题 3：作者说得对吗？全部正确，还是部分正确？	论点是否正确？
	论述是否完整？
问题 4：我如何将从书中所获的知识应用在生活中？	我的收获：

大作家博尔赫斯感叹："我总是把天堂想象成某种图书馆。"如果读到这里你已经拿起一本书来，那便是本章内容的成功，

愿你得尝此间丰盛滋味。

> **要点提炼**
>
> - 四个公式:
>
>   阅读 = 学习阅读 + 用阅读来学习
>
>   学习阅读 = 建立环境 = 培养兴趣 + 养成习惯
>
>   用阅读来学习 = 分层选择 = 根 + 干 + 叶
>
>   如何阅读 = 阅读四问法 = 说什么？+ 怎么说？+ 说得对？+ 怎么用？

> **实践练习**
>
> - 请对你的学习材料进行分析，它们一般是什么形式的，比如文本、视频、音频。你是否享受阅读这种方式呢？
>
> - 你现在在阅读的哪个阶段？参照前文中提到的方法，你觉得哪些地方可以优化、提升你的阅读力？
>
> - 请参照阅读四问的方法，尝试对本章内容进行思考。

第14章
过滤器：怎么判断信息的质量？拥有认知过滤器

>没有疑问的灵魂充满了悲哀。
>
>——拜伦·凯蒂（Byron Katie）

当人人都可以发声时，就有了信息的洪流。

它混淆着虚假、精心设计或是明确意图向我们袭来，或许是文案努力透过文字吸引你按下购买键，或许是写手们为了阅读量试图煽动你的情绪诱导你点击转发。因此，我们在享受信息便利时，也不得不面对困境——甄别信息真伪，判断信息质量。

21世纪的信息带来的问题，就是如何选择信息。

对此，我们只有两种对策——搜索以及过滤。更简约地说是一种策略——过滤。唯一的变量是谁负责过滤，你或其他人。当进行过滤时，你会开始思考自己需要的究竟是什么，并寻求真正有效率的办法。

信息对于理解我是谁、世界是如何运转的非常重要，因此，我们必须把甄别信息的门槛定得高一些，这也是我们要过滤信息的另一个原因。

我们不仅需要有正确的学习思维和方法，还需要良好的学习装备，我称之为"认知过滤器"。每个人都需要有自己的认知过滤器，相信大家方法多样，经过实践，这里我分享自己的探索成果供你参考。

建立信息源标准

如果把信息比作河流，那么就会有上下游。传统媒体，比如新闻机构为获得有价值的一手信息，会投入记者、编辑的精力，通过一线采访，核查事实，确认真相后再发布消息。而小型媒体、机构和个人则会根据不同需求，对资讯进行再组合包装，并进行二次分发。通过信息溯源，你会清晰地看到数字世界里，谁是上游，谁是下游。越是重要的事情，越要接触上游的一手消息。

"问渠哪得清如许，为有源头活水来。"朱熹早在《观书有感》中就强调了知识源头的重要性，那么究竟什么才是优质的信息源呢？

在我看来，有四个参考标准。

"真"：一个真实可靠的信息一定是可以溯源的。越是严肃的发布者，越会把相关时间、地点、人物、机构明确告知，并且还会在正文中添加链接和参考备注，指向引用信息的网站、网页、书籍、论文。有时甚至还会提出反向事实描述，为的是让读者能看到不同的说法，综合形成比较全面的观点。简单说起来，注释越多，信息的可信度越高。

"新"：与时共进，符合最新的科研成果。它可以是从 0 到 1 的新，也可以是从 1 到 1+ 的新。

"硬"：能够经得起时间与科学的验证。越是伟大的理论越是历久弥新。比如能够被称作经典的作品，它们可以穿透时间壁垒，甚至传播百年以上，再如最新科学研究成果，突破了智识的边界，经过智者的把关和考验。

"有用"：能够解决实际问题、满足某种需求。

这四个标准就是我的**信息源标准**。

建立你的信息白名单

基于以上四个标准，我将信息源分为四类——可信书单、可信媒体清单、可信问题清单、可信人群清单。

可信书单

你能够一天读完一本书吗？我想这对大多数人来说是个挑战。但如果你订阅号关注的数量超过 17 个，而且这些订阅号里的每条推送你都会看的话，那么我想告诉你，这些信息量已经是一本书的体量了（一本书约10万字，一条推送大概5000字）。

但两者的不同之处在于，订阅号推送的内容是碎片化的，如同"逛街"；而书的内容是系统的，就像"私人定制"。

书籍作为权威信息源的一种，价值也并非都等重。

书籍中的信息其实会经过好几手传递，路径大略是：

一线科研、学术成果→通识读物→畅销读物→民间宣传，逐渐变得普及。

因此，如果有可能、有时间，还是尽量读一线的科研读物，从而"知其然，知其所以然"，或是选择经典，因为大批智者已经帮你做了筛选工作。

如果某本书、某位作者你特别中意，可以"追踪"他的系列作品，比如纳西姆·尼古拉斯·塔勒布（Nassim Nicholas Taleb）、钱钟书、查理·芒格等。或者如果你很敬重某位人物，那么他推荐的书也可以考虑读一下。

可信媒体清单

书作为传统的信息载体，运用的是"减法思维"，经过作者、出版社等层层把关，让优质信息得以结构化呈现。

互联网作为新型信息载体，运用的则是"加法思维"，人人都可在其中发布信息。信息如海，我们每点击一个链接，就会涌上一波信息浪潮，难怪人们会将上网形容成"冲浪"。如果不想被信息的潮水淹没,在信息的源头把关就更为重要。

不仅如此,大数据的精准推送会营造出你拥有世界的假象。

想象一下,搜索引擎不仅能够记住你几天或几周的搜索,甚至能记住你20年来的搜索,因此,你的搜索结果必然会变得更加个人化,你搜索到的结果会更加符合你的世界观,更少挑战你的世界观。当你尝试保持开放态度思考其他问题时,搜索引擎却减少了你实际看到的信息,最终使你住进"信息茧房",那将是另一个"楚门的世界"。

因此,我们不仅需要把好源头关,还需要改变自己的搜索态度,从被"推"出信息到主动"拉"出信息。

怎么更好地"拉"出信息呢?我们需要关注两点,其一是找到权威信息发布方,在源头上做筛选;其二是拥有批判思维进行独立思考,进一步过滤,这就需要你"思"考清单了。

权威信息发布可以分为官方渠道和市场渠道。

官方渠道

● 中国人大网、国家企业信用信息公示系统网站、中国证券监督管理委员会/中国银行保险监督管理委员会平台、国家药品监督管理局数据查询、中国最高人民法院的裁判文书网和中国执行信息公开网等。

● 官方媒体机构:中国中央广播电视总台、人民日报社、新华社、中新社、中央和地方的各种机关报等。

市场渠道

- 口碑比较好的数据库如天眼查（查询企业和个人的商业信息）、中国知网、万方数据。
- 市场媒体：进行深度调查的传统媒体，如财新传媒等。
- 自媒体类：尽量选择垂直领域的发布方，如医学领域的春雨医生、丁香医生；投资领域的雪球网；辟谣的腾讯新闻较真平台、果壳网谣言粉碎机；知识问答社区知乎、得到等。
- 高质量视频网站：如慕课、TED[①]等。

尽量从这些权威渠道获取与验证信息，多渠道对比思考。需要注意的是，人数使用越多的信息平台不一定就越权威。

可信问题清单

看到一个信息，先不要情绪化，在确定信息的真实性前，你需要独立地进行批判性思考。批判性思考不是全盘否定，而是有所分辨。

那么批判性思考到底是什么？相关的定义很多，但可以提炼为以下几种能力。

- 会定义、分析概念。
- 有分析论证的逻辑、结构。

---

① 以组织 TED 大会著称的机构，TED 是 Technology、Entertainment 和 Design 三个单词首字母的组合。——编者注

- 能发现论证中隐含的前提假设。
- 能判断信息可信度。
- 能考虑到不同可能。
- 更高要求——能用严谨的论点说服他人。

我将这些能力转化为问题清单,帮助我们更好地独立思考。

问题清单

(1)你面对的信息是事实还是观点?观点是什么?是推断、猜想还是感觉?

(2)面对这个观点,你是否有必要花时间思考?

(3)论题和结论一致吗?

(4)结论是怎么得出来的?证据属实吗?推论符合逻辑吗?

(5)关键概念的定义明确吗?如果概念有分歧是否会影响结论?

(6)思考过程用到了哪些隐形预设?这个预设带来的影响是什么?

(7)换一种信念,结论会不同吗?

(8)如果交换立场,结论会不同吗?

(9)过一段时间,你是否会为此刻的判断后悔?

(10)这个结论的适用边界是什么?比如拉长时间来看、调整上下纬度来看。

独立思考的典型人物如埃隆·马斯克,他最常用的批判性思维工具就是"第一性原理"。

他说:"我们运用'第一性原理'而不是'比较思维'去思考问题。我们在生活中总是倾向于比较,对于别人已经做过或者正在做的事情我们也去做,这样发展的结果是只能产生细小的迭代发展。'第一性原理'的思维方式是用物理学的角度看待世界,也就是说一层层剥开事物的表象,看到里面的本质,然后再从本质一层层往上走。"

这里的物理学角度就是他分析论证的逻辑与结构。

以他的创业项目电动汽车特斯拉为例,很多人觉得不可能实现(旧观点、旧结论),因为电池成本太高(旧预设),当时大概是600美元/千瓦时(旧论据)。而马斯克运用"第一性原理"是这样思考的:不管电池多贵,先回到本质(新逻辑)看,电池的硬成本是由什么构成的?无论如何也减不下去的成本是什么(思考结论边界)?

马斯克发现,电池其实是由铜、锌、铝、碳和聚合物组成的(定义概念),除了购买金属的成本,剩余成本均来自人工协作过程,那电池的成本就有优化空间(新论据)。比如,更换产地、大规模普及技术线路、改变电池模块设计。

总之,回到物理学角度,电池就是金属的组合,因此我们就有机会把电池价格无限逼近金属本身的价格(新信念、新观点、新结论)。

用同样的思考方式,他把火箭制造成本降到原来的10%。

其实独立思考、批判性思考、第一性原理都是以最根本的原则为参照点，为自己纠偏的思考能力。

可信人群清单

中国有古语道："读万卷书不如行万里路，行万里路不如阅人无数。"真实生活中少不了与人互动。"可信书单""可信媒体清单""可信问题清单"的背后是一个个鲜活丰满的灵魂，人才是最丰富的信息载体。

初入职场，我的教练薇薇安（Vivian），从人际关系到做事思路，再到案例分析、动作纠正，都给了我非常细致的反馈，帮我指明了方向，也是这段经历，让我意识到跟人学习的重要性，每逢会议外出，我都一定提前约上一些前辈、老师和行业朋友，准备好问题请教，将学习高阶思维应用在工作里。

不仅职场如此，生活更需要谦卑。记得恋爱后期，我和那时的男友（现在的先生）因为沟通遇到卡点，几乎要分手了。但在某次会议饭桌上请教了一位有辅导学背景的前辈弗朗西斯（Francis），他听后直接对我们说："你们的方式都是对的，但是任何一种都不适用于你们的关系模式，最好的方法是寻找'第三条路'——既不是用你的也不是用她的，而是你们达成共识认同的第三条路。我推荐一本书《非暴力沟通》，你们可以参考使用。"就是这三言两语"救活"了我们的关系，更改变了我们对后续人生问题的思考方式。我曾将这段经历整合进我们的"恋爱秘籍"，经由不同活动分享给成百上千的年轻人，更收到了许多父母的感恩感谢。

行家指路,真能让人少走弯路。

著名商业哲学家吉米·罗恩(Jim Rohn)曾说:"你是你最常接触的5个人的平均值。"作为追求成长的人,万物互联是我们这一代人得天独厚的机遇,我们完全可以自己选择、营造成长环境。

这里我提5个问题,帮助你思考和在源头上选择你要和什么样的人相处。

问题1:生活中与你相处时间最长的5个人是谁?

问题2:对方擅长什么?

问题3:你想成为什么样的人?

问题4:向人学习前,你预备了哪些问题?

问题5:与人对话后,你有哪些收获?

当梳理清楚这5个问题后,我相信答案呼之欲出。

懂得借脑,就是明智的。

4个标准、4份名单帮助你面对信息时大胆质疑,谨慎思考。你的"认知过滤器"决定了你是清醒的独立思考者,还是等待被别人收割的"韭菜"[①]。毕竟,这个时代的噪声太多。

---

① 网络流行语,泛指被反复压榨或欺骗依然执迷不悟、不明真相的人,多用于金融或经济圈。——编者注

要点提炼

- 一个公式：认知过滤器 = 信息源标准 + 信息白名单 + 批判性思维
- 信息源标准：真、新、硬、有用。
- 信息白名单包括可信书单、可信媒体清单、可信问题清单、可信人群清单。
- 你的过滤器的质量决定了你是清醒的独立思考者，还是等待被别人收割的"韭菜"。

实践练习

- 对照生活，重新审视你的各大信息源，请尝试参照信息源的标准，列出你的 4 份白名单。

可信书单：

可信媒体清单：

可信问题清单:

可信人群清单:

行动力

第15章

整合：不只是导图，思维、情感、行动三合一才有意义

> 能整合多少资源，就能干成多大事。
> ——万达·T. 华莱士（Wanda T. Wallace）

如果学习不能促进改变，那将是无意义的。而我们最常见的问题，就是会在学习的大多数时候淹没在无意义的知识海洋里。

现在是时候请出"意义学习"的概念了，这个概念来自戴维·保罗·奥苏贝尔（David Pawl Ausubel）的意义学习理论。意义是一系列个人独特经验的产物，因此，不同人面对同一段经历，其意义也会有所不同。同理，每个人都在学习中建构着自己的独特意义。

奥苏贝尔眼中的**意义学习将思维、情感、行动整合在一起，不断形成动态的、有机的整体认知框架**。唯有这样，才算做到

了真正的知行合一、内外一致，我们收获的知识才是真正掌握了的知识。

让我们以教育家保罗·弗莱雷（Paulo Freire）的故事为例来理解这一点。

保罗·弗莱雷是 20 世纪批判教育理论和实践方面最重要且最有影响的作家之一，他曾成功为拉丁美洲国家的成人农民群体"扫盲"。

他是怎么做到的呢？

他的策略就是从日常重点词语入手，教农民学习文字。这些重点词语就像构建语言大厦的砖头，之后再教衍生词，一步步搭建文化高楼，让农民循序渐进直至完全掌握语言。有了知识，农民就有了自信心，也就有了更强的权利感。

最终，原本存在读写困难的农民，成功地实现了有意义的学习，收获了认知（思考）、自信（情感）、权利（为自己命运负责的行动）三合一的改变。

弗莱雷认为，大多数的教育是填鸭式的，这种教育模式默认学习者的脑袋是一个"空荡荡的容器"，需要用各种信息来填满。但实际上，因为学习材料没有意义，和学习者过往经历不相关，所以学习者只能死记硬背，无法举一反三。

相比之下，先从已有知识下手再延伸，学习者就能更好地掌握和运用新知识，并不断走向自主学习。这和维果茨基（Lev Vygotsky）的最近发展区理论所说的观点极为类似，即学习是从已有知识出发，借助老师、其他学习者等人的帮助扩展自己的知识疆界。

有意义的整合学习从来不是为了主宰他人，而是得享知识本身的快乐，为自己的命运增加选择权。

知识整合 = 思维 + 情感 + 行动 = 意义学习

在这部分内容里，我们就将围绕这三方面进行进一步的交流。

第一，了解如何对知识有效"织网"，"缝合"新知和旧知，建立自己的知识体系。第二，知晓情感领域最重要的——概念"情商"，它是由4个关键技能构成的。第三，进一步优化自己的行动体系，形成"知识→行动→习惯→技能"的行动链，最终将知识内化为自己的能力。

有效整合，实现真正的知行合一，使所知应用于所行。

要点提炼

- 一个公式：知识整合 = 思维 + 情感 + 行动 = 意义学习
- 有意义的学习是将思维、情感、行动整合在一起，不断形成动态有机的整体认知框架。唯有这样，才算做到了真正的知行合一、内外一致，我们所收获的知识才是我们真正掌握的知识。

> **实践练习**
>
> - 思考你的学习是否有意义,在知行合一的过程里,思维、情感、行动这三样,你是否都有,为什么。

第16章

织网：学会关联性思考，才能射中学习的靶心

> 思考是把众多事件予以孤立，而理解则是将它们联系在一起。理解是一种结构，因为它意味着把事件之间的关系找出来。
> ——理查德·巴克敏斯特·富勒（Richard Buckminster Fuller）

知识是由概念串起的网络，学习是为了增加对这个网络的理解，从而促进有基础、有意义的创造。

学习的核心就是进行关联性思考，犹如"织网"，将知识连点成线，连线成面，连面成体，最终为你的生命布下一片智识的星空。

想要"织好网"，只有了解学习内容的构成，才有"织"点。

学习内容无外乎三个方面：知识、能力和价值观。它们各自又包含下面这些相关要素。了解要素，才能弄清知识内外的关系。

我将结合教育家约瑟夫·D.诺瓦克（Joseph D.Novak）的阐述一一说明。

知识由概念、事实、命题和规则构成。

● **概念**是知识的最小组成单位，是人们在事件、对象中感知到的规律或模式，或是一种由符号指代的对事件或物体的记录。比如，将"桌子"定义为由桌面和支撑的桌腿构成的用来摆放东西的物品。一个孩子一旦明白桌子的概念，那他基本就会识别所有称为"桌子"的东西。

● **事实**是指在客观世界中人们直面的情况。就像没有人亲眼见过猿人，但是我们可以借助猿人的骨头、脚印，通过化石记录认识猿人。我们正是在无数实验的"记录"中，知道在标准大气压下水的沸点是100摄氏度。

● **命题**，当两个或更多个概念用连接词联系起来时，就形成了命题。命题是指意义或观念的最小意义单位，是知识的基本单位。命题意义的丰富性取决于组成命题概念的准确性和明确性，比如"人生而平等"。

● **规则**，指概念之间的关系，表明事件或物质是如何运行的，或它们的结构是怎样的。也有人将规则称为"算法"，但无论称呼如何，重点在于它表述的是"关系"。比如，1+1=2，力 = 质量 × 加速度（$F=ma$）。借助前文对"组块"知识的理解，我们会发现，掌握概念是整个学习过程的一个环节，发现概念间的关系才是真正要下功夫的地方。在本书中，我试图呈现关于了不起的学习者的成长规则，找出相关概念，并用数学公式表现重要概念间的关系。

基于以上认识并比照学习过程，我们会发现有三种偏离学习靶心的误区，分别是：零散式学习、踩空式学习、断裂式学习。

偏离学习靶心的误区

误区1：零散式学习

零散式学习又称"松鼠病"，指像小松鼠收集松果一样，每采集一颗就埋起来，辛辛苦苦埋了一堆，但是回头就忘记自己埋在哪里了。

这是现代人碎片化学习的典型误区。看到有用的信息就收藏起来，没有合理地管理信息，也没有及时地消化理解，像是散落一地的松果。更有甚者，可能是"信息发烧友"，什么都想要、什么都觉得新鲜、什么都想记住，最后陷入信息焦虑。

解决方案：建立知识结构，让散落的知识可以"挂"起来。

误区2：踩空式学习

价值观的学习比例大，但是基础的知识、技能不匹配，知识体系显得"虚"，很容易踩空。

比如，你知道一个观点"有意思比有意义重要"，但是没有对应方法和行动步骤来支持，就是"空"道理。你只是"搬运"了别人的观点，却无法用在自己的生活中。你需要弄清楚什么是有意思、什么是有意义、怎么过上有意义的生活。

解决方案：积累基础的知识和技能，实现价值观的落地。

误区3：断裂式学习

知识、技能、价值观各自独立，无法形成一个整体。

有些知识只需了解，比如海马的血是蓝色的，人有206块骨头。有些知识比如复利效应、结构化思维、开车的技术，如果只是知道但没有通过练习转化为能力，那就是"惰性"知识，只会制造"我以为我会了"的假象而无法应用。

解决方案：知一行一，知行合一，打磨知识形成自洽体系。

那么如何有效"织网"，让知识成体系呢？

如何有效"织网"，5步构建你的知识体系

知识体系由三部分构成：知识结构、知识内容、内容和内容之间的联系。

针对这三部分，只要按照下面的5个步骤来操作，就能成功构建你的知识体系。

定背景

人们往往会重视第二步的建立架构，但是第一步才是最重要的，它决定了你如何开始。

在开始一个领域的学习前，先要明确学习理由，包括：为什么学？在哪里可以使用？和其他领域的关联是什么？如果没有用武之地，你的知识将是一潭死水，你将没有充足的学习动力，还会很快忘记知识。

假设你原本从事教育行业，但是因为政策转变，你发现了新的趋势，个人新商业才是未来知识工作者的必由之路。这时，你就需要了解商业知识，在"教育与商业"两套知识架构中建立联系。你可以把原有知识作为产品，把教作为技能，把个人作为小微版的企业，将"教"的技能纵向深挖，并在横向上扩展知识，由此形成自己的"T"型能力，增强专业壁垒，放大个人价值。

建架构

在明确学习背景和目标后，最重要的一步就是建立架构。

这一步容易进入的误区就是"靠自己"，事实上，千万不要这样做。这个世界大多数领域都有杰出人士探索过了，学会站在巨人肩膀上借力才是明智之举，否则你会发现自己千辛万苦的思索突破，不过是高手必备的基本功。就像冲藕粉一样，你以为"打开藕粉—冲水—搅拌"就可以，但如果没有人告诉你要"先冲凉水再冲热水",那你无论如何都无法成功冲出好喝的藕粉。

所以,尽可能找到一流信息源,比如我们在"过滤器"一章里提到的"信息白名单",借助经典、专家、高手的力量,建立牢固的架构。

调架构

将他人的框架直接安到自己的知识结构里容易"水土不服",这时就需要采取先模仿再超越的策略。

了解某一架构且经过一段时间的学习后,微调你觉得不妥的地方,可能是基本要素构成,可能是流程适配度、简洁程度,总之就是哪里有问题就处理哪里。比如,你发现有人推荐电子书、有声书的学习方式,但是怎么都不适合你。为了获得更好的学习效果,你完全可以换成纸质书阅读。

因为每个人的学习背景和目的不同,所以知识架构也会不同。结合自己的实际需求,将架构调试成适合自己的新的架构。

填知识

怎么填知识呢?方法就是:见到优质信息就收集起来,定期进行整理,比如采用贴标签的方式归类整理。之后定期回顾,将重要的知识纳入自己的知识结构中去。收集工具可以是文件夹或是印象笔记等应用，只要是你用得顺手的就行。整理时可以用卡片法（在"写作"一章里有详细描述）积少成多地收集。

建关联

到底在哪里建关联呢？

回到知识组成的要素，除了新兴领域，大多数领域的概念都已基本成型，我们会发现，"关联"存在于命题和规则之中，因为它们正是由概念之间的"关系"来确定的。同样 26 个英文字母，可以发展出近 100 万个词语，形成无数个命题，成为作家源源不断的创意。

"建关联"就是在"找关系"，在你的知识城邦里不断"修路"，打通知识和知识之间的关联。

怎么修呢？我有如下四招。

（1）**类比**。伟大的管理者彼得·德鲁克就是使用类比法的高手。他能理解现在、未来和过去之间的关系，在时空之间架起桥梁，利用时间差捕捉看得见的未来。其著作《21 世纪的管理挑战》就是最好的说明。借助比较印刷技术史和信息技术，德鲁克提出极有价值的洞见，"信息技术革命的长期获利者，不是现今的硬件或软件企业，而是知识和内容的提供者"。

（2）**画概念图或思维导图**。借助绘制图示的过程，你会不断思考知识点之间的逻辑关系，从而建立一张知识大网。斯科特·H. 扬（Scott H. Young）12 个月内自学了麻省理工学院计算机科学的33门课程，他的重要习惯就是在学习每一门课程后只用一张A4纸清晰地绘制出课程的重要概念及其关联。

你可以采用Xmind、亿图图示等工具，免费版就够用。

（3）**写作或讲给一个人听**。两者都是在创建输出环境，在输出中用自己的语言重构故事。尽力结合自身经历来演示，而不是简单地罗列要点。唯有这样，你才能深度"缝合"知识。

（4）**解决一个问题**。只有当知识能够帮助你做实际决策的时候，它才是你的知识。比如，你在学习编程，那就试着去运行一段小程序；你在看心理学书籍，就尝试在网上评论一些经济学现象等。大而全，不如知而行。

不断问自己，这个知识点可以解决什么问题，还可以用在什么地方。

正如乔希·维茨金（Josh Waitzkin）在《学习之道》中的体悟："学习的基本原则就是要钻研微观的细节事物，从而理解是什么促成了这些宏观上的问题。"

"织网"，就是从微小的概念展开去了解宏大的世界。

织网，是学习的"深潜"活动

我们生活在一个不断分散注意力的世界里，面对来自电视、手机中的各种信息。这种"新"消息的刺激极易把我们带入浅滩，陷入不停追求新事物，不停愉悦自己的上瘾循环中。如果真的坠入这样的信息网罗，那我们就会像浅水区的小鱼，无法探入绚烂的海底世界。

跳出这样的信息茧房，开始"织网"吧！用耐心和思考，在"微小"中体会发现的乐趣，遇见并创造属于你自己的智识世界。

要点提炼

- 一个公式：织网 = 定背景 + 建架构 + 调架构 + 填知识 + 建关联
- 学习的核心就是关联性思考，它犹如"织网"，将知识连点成线，连线成面，连面成体，终为你的生命布下一片智识的星空。
- "织网"，就是从微小的概念展开去了解宏大的世界。

实践练习

- 思考零散式学习、踩空式学习、断裂式学习这三个误区，你最容易陷入哪个误区。

- 请就你正投入的领域，检视一下你的知识是否成体系。

- 请尝试按照"定背景 + 建架构 + 调架构 + 填知识 + 建关联"的方式优化你在某个领域的知识体系。

第17章
情商：决定你走向卓越的真正关键

> 一个人如果不具备情感能力，没有自我意识，不能处理悲伤情绪，没有同理心，不知道怎样跟人很好地相处，即使再聪明，这个人也不会有大的发展。
>
> ——丹尼尔·戈尔曼（Daniel Goleman）

所有人都知道，在工作和生活中，除了需要提高智商，还需要提高情商。可是，情商究竟指的是什么，是一个人说话滴水不漏、八面玲珑吗？那么，为什么有些人能言善道你却想要远离，而有些人虽然笨嘴拙舌却让人想亲近。

情商，如果不仅是指会说话，那是指什么？

情商究竟是什么？

情商，全称是"情绪商数"（emotional quotient），又称EQ，

其实是一种辨识、管理个人以及他人情绪的能力。在心理学术语中又指动机、自我意识、自我控制等个人技能，以及关心和移情等人际关系技能。

1995年，丹尼尔·戈尔曼带着著作《情商》走进人们视野，让"情商"这一概念广为人知，《哈佛商业评论》当年甚至视情商为"上一个十年里最重要的商业概念之一"，使人们开始重视自己的感情和情绪。戈尔曼认为，"正如我们用来解决问题的理性智慧一样，有一种情绪智慧也可以帮我们实现目标，并对自己和他人产生良好的感觉"。

自此，人们了解到人类大脑除了处理事情的"理性脑"，还有一个我们称之为"情感脑"的区域，这一区域主要负责人类情感。

伴随20世纪90年代大脑成像技术的改进，科学家发现情商不再是一个抽象的智慧，而是一个情绪系统，包括我们前文提到的①恐惧情绪指令系统；②愤怒情绪指令系统；③悲伤情绪指令系统；④性欲指令系统；⑤关怀/养育指令系统；⑥游戏/社交指令系统；⑦探索/欲望指令系统。因此，情绪并不是一个单一的反应，是由7个指令系统控制的。

为了方便理解，我们先简单地称这个系统为"情感脑"。

有趣的是，人的整个理性脑是建立在情感脑之上的。情绪的基本运行还是靠神经元帮助：人们看、听、闻、尝、摸到的一切都以电信号的形式传递给大脑。电信号从脊髓附近的底部进入大脑，但在到达理性思维区域前，必须经过人的额叶（前额后面），而额叶边缘系统就是产生情感的地方。因此，电信号在到达"理性脑"前，就已经在体验情感了。

这个机制说明"情感脑"是可塑的，而且会对"理性脑"产生强大影响。这也是我们会出现"道理都知道，可还是很冲动"等现象的原因之一。从这个角度而言，我们也可以把情商理解为管理这套情绪系统的一种认知能力。

当今社会，离不开与人交往，情商更高的人会获得更多优势。极富洞察力的《未来简史》的作者尤瓦尔·赫拉利认为："在人工智能时代，人必须紧守情商和韧性，才能赢得与机器的战争。"

那么，如何才能有效提升情商呢？

如何提高情商？

丹尼尔·戈尔曼就这个问题进一步提出了情商的架构模型（表17-1），并将其拆分为4种技能，分别是对内的自我意识、自我管理，以及对外的社会意识和关系管理。此外，戈尔曼将它进一步明晰成以下内容。

表17-1 情商知识汇总

情感分类	具体内容
自我意识	情感的自我意识：了解个人情感及其影响；用直觉引导决策
	准确的自我评估：了解个人的优缺点
	自信：准确感知个人的价值和能力

续表

情感分类	具体内容
自我管理	情感的自我控制：控制消极情感和冲动
	透明度：表现出诚实、正直以及可信度
	适应能力：灵活应对不断变化的情况，克服阻碍
	成就感：提升表现以满足卓越性的内在标准的驱动力
	主动性：时刻准备采取行动，抓住机遇
	积极乐观：看到事情积极的一面
	社会能力：决定我们如何处理人际关系
社会意识	同理心：感受他人的情感，了解他人的观点，主动了解他人的关注点
	组织意识：了解组织的现状、决策网以及组织关系
	服务意识：了解并满足员工、客户或顾客的需求
关系管理	鼓舞人心的领导方式：用一个令人信服的愿景指导并鼓舞员工
	影响：运用各种策略增强说服力
	开发他人能力：通过反馈和指导增强他人的能力
	改变刺激因素：设定新的方向，启发、管理并领导员工
	冲突管理：解决分歧
	团队协作：合作与团队建设

如果让我用更直白的话来形容，情商就是"认识你自己""关心他人"。

若运用二八定律提炼这两部分的技能要点，认识自己需要什么？内省与反馈。关心他人需要什么？积极聆听与有同理心。

让我们逐一来看。

关键技能 1：内省

古希腊人把"能认识自己"看作人类最高智慧，老子也云："知人者智，自知者明。胜人者有力，自胜者强。知足者富。强行者有志。不失其所者久。死而不亡者寿。"

自我认识由自我评价（我们怎么看待自己）与他人评价（别人怎么看待我们）两部分组成。

对人的发展而言，若是两者差异太大，就会导致我们忽视外界反馈，并让自身行为偏离正轨。清晰的自我认识指能认清自身的优势和不足，并清楚这些在周遭环境中的定位如何。

对于如何认识自己，《荀子·劝学篇》给出方向："君子博学而日参省乎己，则知明而行无过矣。"

如何内省？养成反思的习惯，见贤思齐。

美国开国元勋之一本杰明·富兰克林就是内省的典型。

22岁的富兰克林开始创业，因为此前犯的错误遭受了经济损失和心理上的创伤，他意识到：既然我知道什么是对的，什么是错的，为什么我不能见对就做、遇错就躲呢？于是他酝酿了一个大胆而又艰巨的计划，他希望自己在任何时候都能不犯任何错误地生活。他想规避天性、习惯或伙伴等带来的犯错风险，于是，他给自己设立了自省日记，后来以"13项美德准则"闻名，内容如下。

（1）节制。食不过饱，饮酒不醉。

（2）沉默。说话必须对别人或你自己有益；要避免无益的聊天。

（3）生活秩序。将每一样东西放在它们应该放的地方；每件日常事务应当有一定的时间。

（4）决心。做应该做的事情；决心要做的事应坚持不懈。

（5）俭朴。花钱必须于人于己有益；换言之，切忌浪费。

（6）勤勉。不浪费时间，只做那些有用的事情，戒掉一切不必要的行动。

（7）诚恳。不欺骗人；思想纯洁公正；说话也要如此。

（8）公正。不做害人的事情，不要忘记履行对人有益而且又是你应尽的义务。

（9）中庸适度。避免极端；要容忍别人对你应得的处罚。

（10）清洁。身体、衣服和住所力求清洁。

（11）镇静。不要因为小事或普通的、不可避免的事故而惊慌失措。

（12）贞节。除非为了健康或生育后代，不常进行房事，永远不要房事过度、伤害身体或损害你自己或他人的安宁或名誉。

（13）谦虚。仿效苏格拉底。

他自此每天写自省日记，标出当天过错，每周总结一次，确认自己的实践情况如何。这13项准则是富兰克林根据自己以往的经历总结出来的,他知道哪些是对他自己有益的需要强化的,哪些是对他有损害的需要警惕的,完全是从生活试错过程中得来的。不辜负每一天的经历,错误就是最好的老师。

如果想要更快成长,除了内省,还需要他人的反馈。

关键技能 2:反馈

要想获得优质反馈,需要我们找到具有"4C 特质"的朋友,建立情感"支持—反馈"系统。

- **榜样**(champion)。榜样,其实是我们心中期望自己未来能够成为的模样,为我们的成长提供了可能性。见贤思齐,对标标杆是最好的成长方案。

- **导师**(counselor)。导师会精准地告诉你所在行业的运行模式和方法,确保你走在正确的方向和道路上,使你每一步的前进都恰到好处,同时还会对你进行刻意训练,给予你精进所需要的反馈。

- **合作者**(collaborator)。合作者可以是非常懂你、支持你的啦啦队、合作方、助手,能够协助你更好地进步,也可以是和你意见相左或是性格迥异的人,毕竟每个人都有缺点。为了使这些缺点不至于致命,你需要找到一个人或一群人,彼此互补,彼此成就。

- **意识唤醒者**(conscious awakener)。人的一生中总会遇到低潮期,需要他人的激励才能坚持下去,意识唤醒者是新鲜观点、突破机会的源泉，可以推动我们成为更好的自己。

成功不是一场单独的探险活动，只靠自己是不够的，我们需要一个支持系统。如何找到这些人并建立支持系统呢？

你是什么样的人就会遇见什么样的人，因此，当你是一个了不起的学习者时，就会遇见更多有了不起特质的人。

综上，前文提到的"在反思中不断认识自己并精进"就很重要，当然，还需要下面这个技能——积极聆听与有同理心。

关键技能3：积极聆听与有同理心

人际关系的学问千千万，但黄金法则只有一条"若想让他人怎样待你，你就怎样待他人"。人人都需要积极聆听和有同理心。

积极聆听是让双方的存在感紧密联系的艺术。这不是一种**技巧**，而是**发乎真诚的好奇心**。聆听意味着耐心地听对方把话说完，不用对聆听的内容做任何分析和评判，不用去想怎么回应才是更精彩的。聆听过程中只用提一些问题，多确认和总结，确保双方都能理解彼此就足够了。

同理，换位思考，问问自己："如果这件事发生在我身上，我会有什么感觉？"认真感受由此产生的情绪是什么，有什么特点，甚至可以给它的强弱打分，帮助自己理解对方。

聆听和同理心常常不分家地同时出现，而当两者结合时，就会从情绪系统的社交板块分泌出让我们感受良好的神经化学物质：多巴胺、内啡肽、催产素和 5- 羟色胺。心理学家基思·索耶（Keith Sawyer）甚至将"积极聆听"定义为心流按钮。我想这是生命设计程序中对爱的奖励，也是为什么情商会成为人走向卓越的关键因素。

训练情商，并不意味着改变自己的性格，相反，它是基于自我认识的高认知水平的成长游戏，如同哲学家维特根斯坦的形容"我语言的界限就是我世界的边界"。当我们可以更深刻地分享自己，在聆听和具有同理心过程中懂得别人时，这个世界真的会变得更开阔、美好。

要点提炼

- 一个公式：情商 = 内省 + 反馈 + 有同理心 + 积极聆听
- 情商是一种辨识、管理个人以及他人情绪的能力，就是"认识你自己""关心他人"。

实践练习

- 请尝试就今天的生活进行反思。

- 请参照 4C 特质，建立你的"支持—反馈"系统，列出你朋友的名字。

  榜样：

  导师：

  合作者：

  意识唤醒者：

- 请列出一位朋友的名字，花时间认真聆听对方的想法，并尝试换位思考，与他共情。

第18章
行动：改变并不需要加踩油门，而需要松开手刹

> 一本真正的好书，其价值不仅仅在阅读上。必须将其放在一边，按照书中所说的行动。正所谓，开始于阅读，终止于行动。
>
> ——亨利·戴维·梭罗（Henry David Thoreau）

人和人的差距为什么会那么大？明明我们每天过着差不多的日子。

其中，一个原因或许是每个人拿到的人生剧本不同，另一个原因或许是我们缺少对行动相关知识的学习和反思。

行动中真正的困难在哪里？主要在两处。

- 启动困难，究竟该如何开始？
- 执行困难，究竟该如何持续行动并落地？

这两个困难也可以简约地合并成一个，就是"遇到困难该如何开始行动"。

在探索有关行动知识的过程中，我发现高效行动也是一门科学，需要掌握一定的方法和技巧。

我们在第一部分动力篇中了解了驱动力的由来，知晓如何设立目标，如何拥有持续行动的坚毅力，如何调整自己的思维方式。这一章我们将沿着美国心理学家乔纳森·海特（Jonathan Haidt）、加布里埃尔·厄廷根（Gabriele Oettingen）教授、彼得·M.戈尔维策（Peter M. Gollwitzer）的研究脉络，了解一种思维工具，以应对行动中具体的阻碍，告别拖延，见招拆招。

愿景唤醒：大脑没那么聪明

海特曾提出"象与骑象人"的经典比喻（图18-1），说明理性与非理性、意识与潜意识的关系。

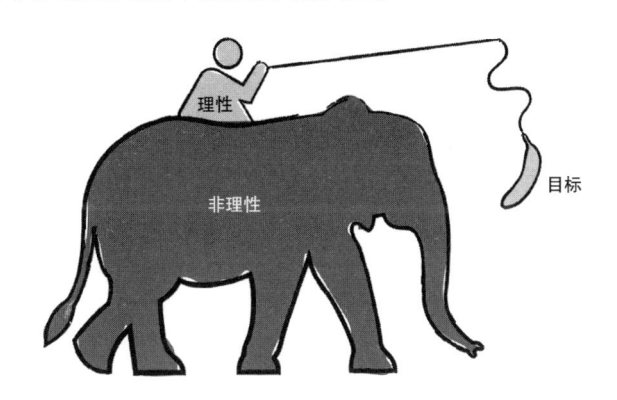

图18-1 理性与非理性的关系

我们的理性部分像骑象人，非理性部分像一头桀骜不驯的大象，二者各行其是。如果"骑象人"与"大象"冲突，我们内心就会出现矛盾；如果"骑象人"与"大象"协调一致，我们的内心就会平静而有动力。

行动上也是如此，"骑象人"虽然计划清晰，但真正的动力来自非理性、潜意识的"大象"。行动管理的关键就是学会驾驭"大象"，让它能够动起来。

如何驾驭呢？说"大象"能听得懂的话。

我们有意识地设定目标，比如运动、节食、学习等，是"骑象人"的意愿，与"大象"无关，所以不管"骑象人"如何努力，"大象"都不愿理睬。想让目标成为大象鼻前的一把香蕉，让大象跑起来，就要用"大象"的语言，那就是"生动具体的场景、图像"。

如果你能在头脑中想象出目标实现后的美好画面，"大象"就能看懂。画面越生动具体，它就越能产生渴望、有动力。

这就是驭"象"之道，也是许多"愿景画板工具"的理论基础。

然而，情绪高涨后的我们容易三分钟热度，最终计划泡汤，这又怎么理解呢？因为"大象"的记忆力很差，需要反复提醒，因此，我们就要常常想象愿景。

厄廷根通过大量试验证实了想象愿景的价值，但她同时指出该方法有个致命的缺点：**大脑无法区别真实与想象**。原来，通过脑扫描，科学家发现想象与真实经历场景时，大脑神经活动的模式几乎一样。也就是说,大脑分辨不出想象和现实。

愿景唤醒了动力,但是又消解了行动力,大脑还真没那么聪明。

于是厄廷根又提出另一个行动步骤,那就是"明确障碍"。

心理对照:激发行动力的强大武器

明确障碍指的是我们不仅要想象目标实现之后的美妙场景,还要回到现实,思考过程中可能会遇到什么障碍。

心理学家将这一过程称为"心理对照",即理想与现实的差距。

因此,在想象愿景后,还需要在纸上写下什么会阻碍你的计划实施。明确这种落差,"大象"就不会那么自以为是,从而脚踏实地,具有行动力。

然而,你在行动中还可能反复拖延,这又该怎么办呢?

厄廷根的丈夫戈尔维策作为思维专家发明了另一种思维工具,对治疗拖延症特别有效,即执行意图。

执行意图:行动触发器

执行意图又是指什么呢?

执行意图就是让你在设想未来行动场景时,使用条件语句

"如果……就……（If...then...）"来思考。

就这么简单？是的，就这么简单！

执行意图又被戏称为"大脑黑客"。它综合了"骑象人"和"大象"的语言，为大脑提前布置了一个行动场景，"如果……就……"就是大脑能够读懂的关于未来的行为指令。

当你在脑中植入"如果……就……"的语句，一旦"如果"这个条件出现，大脑就会像电脑运行程序一样，形成自动反应。

比如"如果要睡觉了，就先看几页书，而不是拿手机看视频""如果下雨了，我就穿上跑鞋在家中运动"。

厄廷根曾在学期期末给学生布置作业，让一半学生以"如果……就……"的形式制订计划，明确在什么时间、什么地点做作业，而对另一半学生没做任何提醒。结果发现，两组学生的作业完成度差异很大：没有制订计划的学生平均只完成了100 道题，而制订计划的学生平均完成了 250 道题。小小干预，却提升了 150% 的执行效果。

一般来说，你植入的程序语言越清晰、明确，到了对应场景就越能触发行动。

发明心理对照法和执行意图的这对夫妻，后来决定把这两种工具结合起来，于是就有了 WOOP 思维。

WOOP 思维：最简单又强大的行动力工具

WOOP 是 4 个英文单词首字母的组合（图 18-2）。

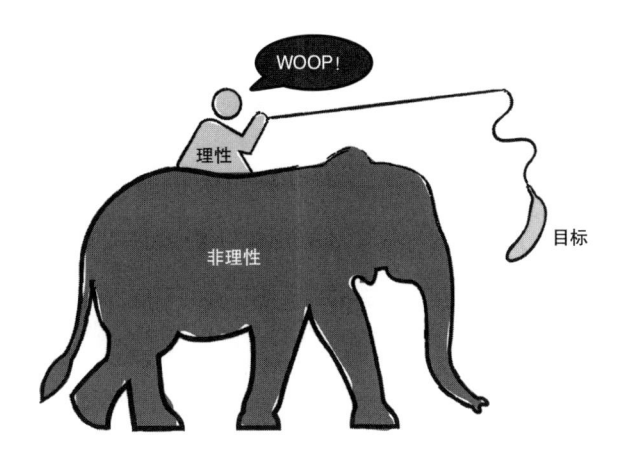

图 18-2　WOOP 一下

W（Wish）：可以想想这周、这个月或这一年想完成的愿望。

O（Outcome）：描绘愿望、目标实现后最好的结果是什么。

O（Obstacle）：设想实现目标可能遇到的障碍。

P（Plan）：制订具体计划。

注意，整个 WOOP 思维就是用"如果……就……"的句式写的。

前两项能够帮助我们增强行动力，后两项通过让我们预想困难，提前摆脱拖延，见招拆招，从而大大提高了行动概率。

为什么 WOOP 思维会有效，因为它是我们大脑喜欢的模式。大脑其实很"懒"的，它不喜欢决策这个非常消耗意志力的动作。WOOP思维本质上是利用大脑的惰性，减轻决策压力，让大脑自动导航，知道各种情况该怎么办，从而让行动持续更久。

关于行动，我们总是过于看重骑象人的重要性，把目标放在骑象人身上，对自己的意志力非常苛责，靠不断下决心给自己的改变加踩油门，期待大力出奇迹。我们也容易在幻想中搭建空中楼阁，品尝成功的滋味，但最后又回到原点，大部分计划最后都成了镜花水月。

因此，学会松开手刹，WOOP一下，运行大脑喜欢的行动代码。

> **要点提炼**
>
> - 一个公式：WOOP一下 = 明确目标 + 描绘愿景 + 设想障碍 + 具体计划
> - 我们的大脑没有那么聪明，想象愿景会激发它，也会欺骗它。
> - WOOP思维之所以有效，是因为它是我们大脑喜欢的模式，可以帮助大脑有效决策和反应。

实践练习

- 请尝试一次 WOOP 练习：

W：可以想想这周、这个月或这一年想完成的愿望。

O：描绘愿望、目标实现后最好的结果是什么。

O：设想实现目标可能遇到的障碍。

P：制订具体计划。

第19章

习惯：按照清单打钩，每一天都不要断

> 人类是习惯的机器。
>
> ——威廉·詹姆斯（William James）

拉尔夫·沃尔多·爱默生（Ralph Waldo Emerson）说："习惯如果不是最好的仆人，它就是最坏的主人。"习惯常常被提到，但是它的力量还是被人们大大低估了。让我们先看三个故事。

故事一：脆弱而聪明的鲨鱼

鲨鱼在我们的印象中是极其凶猛的动物，但其实它非常脆弱，这和它的身体结构有关。

鲨鱼的整个身体结构其实比较简单，比如肝脏就占了它内脏的90%。有些鲨鱼一年只吃一顿，饱餐一顿后，就会把能量储存在肝脏上。没东西吃时，肝脏就是能量供给站。由于肝脏

巨大，如果遇到大型生物撞击就容易有致命伤，因为它的身体缺乏足够的弹性。

因此，鲨鱼的捕猎策略遵守"能耗最小"原则。比起海豚猛烈撞击式的捕猎，鲨鱼不做任何多余动作，而是轻微攻击——找到猎物身上某一处咬一口，这一口不致命，但能让猎物血流不止。

血腥味就成了追踪线索，看似鲨鱼在巡游，其实它在守株待兔，等候猎物流血而死，最后不费劲地吃到猎物。

重大改变的源头往往微小。鲨鱼的生和猎物的死皆是如此。

故事二：狄德罗的睡袍

丹尼斯·狄德罗（Denis Diderot）是18世纪法国著名的启蒙哲学家，他家境贫寒但交友广泛。有一天，他的一个朋友送了他一件质地精良、做工考究的丝绒睡袍，穿起来非常漂亮。狄德罗穿上睡袍对着镜子看，觉得很喜欢，但当他坐在椅子上时，椅子一下子显得很破。

于是他就想要换掉椅子，换完椅子，对比之下桌子又显得非常难看，于是他又换掉了桌子。这下地毯针脚又显得粗鄙，换完地毯，他发现整个屋子很寒酸，于是就重新装修了屋子。

屋子终于配上了睡袍，可他却很懊恼，因为"自己居然被一件睡袍胁迫了"，他甚至写了一篇文章《与旧睡袍别离之后的烦恼》。后来,经济学家将这种现象命名为"狄德罗效应"。

原来改变一个人,一件睡衣就可以。

故事三:美国铝业的振兴

20世纪80年代,美国铝业公司经营一度惨淡,作为一个庞大企业,它的历史长、员工数量多,这意味着组织习惯往往顽固且积重难返,使企业几乎到破产边缘。

董事会为拯救局面,请来传奇变革推动手保罗·亨利·奥尼尔(Paul Henry O'Neill)来做首席执行官。他上任后什么都没做,只宣布了一项改革举措——"零工伤",并提出一项规则。"如果一个员工受伤了,一线主管在24小时之内必须把情况汇报到首席执行官那里,同时提出改进措施。"

按理说,花那么多钱请变革者加入,不应该是解决战略、组织、文化这类问题的吗?然而,他就只抓这样一件小事。

工伤事故虽小,但和员工切身利益相关,因此,这一举措受到很多员工的支持。这一举措看起来很简单,但"24小时"才是关键。一个体系庞大的公司要想消息顺畅,在没有互联网的社会,意味着"总部—分部—工厂厂长—车间负责人—每个工人"的信息链条要灵通,这相当于制定了一种基层信息交换规则。当信息流通速度加快,公司效率也就提高了。

最终,奥尼尔凭借"零工伤"策略塑造了组织的新核心习惯（当然还有其他变革举措），帮助美国铝业公司重返辉煌。

谁说大变革一定要有大动作？

习惯的力量

上面的三个故事，启发我们无论是个人的健康成长，还是组织的有序发展，往往都跟习惯大有关系。《习惯的力量》作者杰克·霍吉（Jack D. Hodge）指出，"我们每天高达90%的行为是出自习惯支配"。一个好的组织也是因为有一个近乎自动化的运行机制。

这种运行机制分两类，一类是有意识的，比如举手投足之间说话的方式；还有一类是无意识的，比如我们身体的消化系统有它自己的规律。

像飞驰的列车，惯性使人义无反顾地奔向前方，这种稳健、看不见的，甚至不受意志控制的力量，就是习惯，也是大脑储存能量的策略。

培养习惯，就是建立行动的运行机制，让好行为成为无意识举动，习惯成自然。

如何培养一个好习惯？

斯坦福大学行为设计实验室创始人B. J. 福格（B. J. Fogg）

博士，最主要的工作就是研究怎样帮人改变行为，也就是如何改掉坏习惯或者养成好习惯。福格总结了一个很著名的行为改变公式：

B=M×A×T

B 是行动（Behaviour），M 是动机（Motivation），A 是能力（Ability），T 是触发器（Trigger）。

触发器和动机的区别是什么呢？触发器提醒你采取行动，而动机决定你是否愿意采取行动。

简单而言，习惯改变 = 动机 × 能力 × 触发器，缺一不可。

结合《习惯的力量》《掌控习惯》《聪明思考》《坚持，一种可以养成的习惯》《上瘾》《微习惯》等书提供的方法，围绕这个行动公式，如果你想养成某种习惯，可以试试从这三个因素去做。

动机，让行动变得有吸引力且令人愉悦

通过提升我们对习惯的渴望，为习惯的触发提供动力。

你可以试试这样做。

（1）**锚定意义**。问问自己为什么想拥有这个习惯，改变点在哪里。你可以花两周时间观察自己有哪些习惯需要改变，记录下它们出现的时间、场景和当时的心理状态。然后，从这些记录中寻找坏习惯产生的模式，思考对应的代价，明确意义。

（2）**绑定喜好**。把需要做的事与喜欢做的事绑定，比如，跑步后再看电影，学习后再美餐一顿，这样做可以增加行动的吸引力。

（3）**靠近榜样**。近朱者赤，近墨者黑。近身学习榜样，会潜移默化地影响我们的习惯。大家一起努力不但可以互相勉励，还能从榜样处求得好建议和收获更多细节。

（4）**躯体标记理论**。"躯体"强调情绪对身体的作用，而"标记"是情绪的功能，我们可以在身体里做标记。情绪标记是人做决策最重要的依据。比如，吃甜点能让人开心，人们就会想一直吃，但是忍住不吃也可以是开心的，在节食过程中有这样的情绪标记很重要。赋予习惯新的情绪，将习惯标记为好的、喜欢的、让人感到愉悦的，可以增加我们的动力。

（5）**写信或是画愿景板，激发自己**。想象习惯养成后人生达到的理想状态。

能力，让行动变得简单

行动如何变得简单？可以试试这些方法。

（1）**重复**。尽可能多地重复，熟能生巧。

（2）**最省力法则**。尽可能简化执行流程，减少执行阻力，让行动更容易。

（3）**两分钟法则**。尽可能将习惯分解，一个习惯启动只需

2分钟,甚至更短时间,轻启动会让我们更乐于开始和坚持。

(4)**奖励增强法**。完成一套习惯动作后奖励自己。

(5)**积极反馈**。将自己的进步可视化,增强我们的积极感受。一般来说,在纸上记录比在电子设备上打卡更能强化印象并带给人成就感。

(6)**伙伴问责**。邀请他人监督自己,借力强制执行。

(7)**微量开始、超量完成**。比如从"每天做30个俯卧撑"变为"每天做1个俯卧撑"。培养微习惯很容易起步,但切记行动时只能超额完成,不要增加起步难度,这样可以减轻意志力消耗。

(8)**马上行动**。很多时候,人们会以时机不对为理由推迟行动的起步,当你发现有需要改变的习惯,就要马上行动。

触发器,让行动概率增大

最后来看第三个要素,触发器。

触发器就像路边井盖上的危险提示,看到它你就要立即绕道。习惯也是如此,旧习惯需要用新习惯来替代。想想你每次看电影时会不停地吃爆米花,实际上可以用吃新鲜水果或是喝水替代。心里想想这样做的好处,然后把这种好处记录在纸上。

现在这张纸上就记录了新习惯的培养计划:你的真动机 +

可行方法+新好处。写完后,你可以将这张纸复印多份,分别贴在你的"诱惑地"和行动空间里增强提示。

如何增大触发的概率呢?

(1)**分析现有习惯的提示线索,然后刻意地管理这些线索。**比如,空间与行为。理想的空间有利于好习惯执行,不利于坏习惯养成。如果你想要改变"不停刷手机"的坏习惯,就可以"锁起手机"。

(2)**利用"如果……那么……"的执行意图,通过罗列尽可能多的行动条件,让习惯更容易被触发。**比如训练写作,可以要求自己"如果我来到书桌前,那么我就开始写提纲"。

(3)**通过在环境中增加提示线索,让习惯自然被触发。**比如,把家里布置成随时随地可以看书的氛围,就可以提示自己随时读书。或者去小区的健身房,看到大家都在健身,自己就会更想运动。

综上,让我们整体来看一下实际的操作方式。

比如,你想培养新的饮食习惯,比如戒糖、戒碳水等。你可以拿出一张纸,一项项地来思考上述要素。

首先,思考动机:你为什么要养成这个习惯?你是希望变得更健康,是希望提高工作效率,还是希望自己老了以后保持头脑清晰?

不断逼问自己,直到你内心升起强烈的欲望:"对,就是这个目标",你才能找到你的真正动机,否则你定下的就是假大空的目标。你还可以画下自己养成这个习惯后的样子。

再来想想"能力",思考自己有没有实现这个动机的方法。

通过看书、听课、问建议,你会了解不少方法论,结合上面分享的行动技巧,搭配行动,你就会拥有实现这个目标的能力。

留意习惯养成的标志

不同习惯的养成周期不同,有所了解才能更好预备。

《坚持,一种可以养成的习惯》的作者古川武士研究后发现,习惯大致分为三类:

第一类是行为习惯,就是每天规律执行的行为,比如刷牙、记录、背单词、读书等。养成这类习惯需要一个月的时间。

第二类是身体习惯,比如健身、早起等,这些对我们身体有影响的习惯,要花三个月时间才能养成。

第三类是思考习惯,也就是思考能力,比如成长性思维、要事第一、以终为始、迭代思维、双赢……这是最难养成的习惯类型,大约要花半年的时间。

改变习惯的过程难免失败,不要过于苛责自己,学会给自己留些行动弹性。像玩游戏一样,允许自己有三次失败机会。

什么时候我们可以说习惯养成了呢?

标志有:没有抵触情绪;行动时无须考虑,已成惯性;不担心完不成；常态化，成了生活的一部分；形成自我身份认同。比如，我是一个马拉松跑者，我是一个写作者，等等。

到了这时，就可以开始培养下一个习惯了。

如果说世界上有捷径的话，那就是你对良好习惯的坚持。小变动能带来大改善。从一个看似微小的改变开始，稳扎稳打，步步为营，就能带来整个生活的连锁变化。

要点提炼

- 一个公式：习惯改变 = 动机 × 能力 × 触发器
- 培养习惯，就是建立行动的运行机制，让好的行为成为无意识举动，也就是让习惯成自然。
- 习惯养成标志有：没有抵触情绪；行动时无须考虑，已成惯性；不担心完不成；常态化，成了生活的一部分；形成自我身份认同。

实践练习

- 请列出你想养成的好习惯，或是想要改变的坏习惯。

- 参照文中提到的技巧,你决定采用哪些技巧来提高习惯养成的成功率?

第20章

技能：直面变化，把握7Q法则快速上手新技能

诺贝尔文学奖得主罗曼·罗兰（Romain Rolland）曾说："人们常觉得准备的阶段是浪费时间，只有当机会来临而自己没有能力把握时，才能觉悟自己平时没有准备才是浪费时间。"掌握学习技能，就是你对未来的准备。

过去，有的人一份工作可以干上一辈子，然后拿着退休金舒服养老。而现在，根据世界经济论坛发布的关于劳动力技能升级的报告，一份工作的平均在岗时间只有4.2年。应对时代变化，不断快速学习新技能，是属于我们这代人的真相。

技能不像知识，搜一搜就能找到，唯有靠练习才能掌握。不摔上几跤学不会骑车，不上台无法掌握演讲技巧。无论是运动型技能，比如骑车、跑步、游泳等，还是智力型技能，比如演讲、写作、阅读等，掌握程度都分为"从不会到会、从会到熟练、从熟练到精通、从精通到专家"的五个阶段（图20-1）。

图 20-1　掌握程度的五个阶段

是不是每项技能我们都要追求达到专家水平呢？不一定的！

"加拿大总督功勋奖"获得者、《异类》一书的作者马尔科姆·格拉德威尔（Malcolm Gladwell）研究发现，"要达到'专家'水平，大约需要10000个小时"，而一个人一生能达到专家水平的技能可能就只有1个，如果没有天赋或浓厚兴趣，成功概率更低。但如果只是达到"学会"的程度，美国学者乔希·考夫曼（Josh Kaufman）表示："其实普通人学会一项技能20个小时就足够了，不用被10000个小时吓住，打了退堂鼓。"因此放平心态，学习新技能其实并没有那么难。

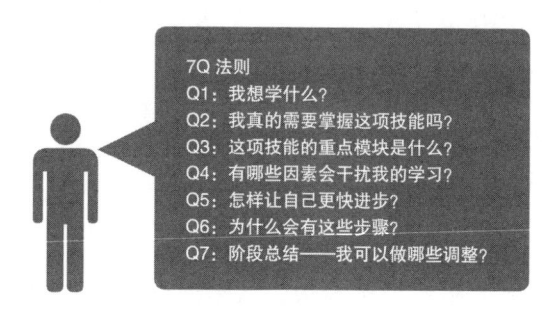

掌握 7Q 法则，善用 7 个问题可以帮助我们快速上手掌握新技能，少走弯路（图 20-2）。

7Q 法则
Q1：我想学什么？
Q2：我真的需要掌握这项技能吗？
Q3：这项技能的重点模块是什么？
Q4：有哪些因素会干扰我的学习？
Q5：怎样让自己更快进步？
Q6：为什么会有这些步骤？
Q7：阶段总结——我可以做哪些调整？

图 20-2　7Q 法则

7Q 法则

Q1：我想学什么？

拿出一张 A4 纸，横着放，在最上面一行，从左到右列出所有自己想要学习的技能，比如，学英语、学演讲、学做幻灯片、学开车、学吉他、学做菜等。将自己的大脑"清空"，让思绪呈现在纸上，更便于思考。

Q2：我真的需要掌握这项技能吗？

鱼儿学不了飞，鸟儿学不了游。想法多，却不一定是我们真实需要的。况且，人都有弱点，或是三分钟热度，或是随大溜跟风。但学习新技能是项投资，我们要提前知道它会带来哪些回报。

在这张纸的最左边一列，从上到下列出"有用、成本、应用"3 项原则，来筛选出真实需求，如表 20-1 所示。

- **有用**：你学的技能要能用得上才行。比如使用 Office 办公软件、写作、口头表达就是高频使用的技能，再如开车、做饭、唱歌就是享受生活类的技能。
- **成本**：会花费多少金钱和时间。客观了解这些可以帮助我们做好充分准备，不轻易中途放弃。
- **应用**：要有这项技能的短期使用场景。知识不使用就会

表 20-1　小明想学的技能清单

	学演讲	学写作	学开车	学吉他	学做饭
Q1: 我想学什么？					
Q2: 我真的需要掌握这项技能吗？ 有用（现阶段用得上）	保证工作汇报更清晰、有重点	开启副业	出门方便	放松	因疫情居家
成本（金钱和时间）	XX 演讲课 399 元，15 分钟/天，30 天	XXXX 写作课 899 元，4 小时/周，4 周	学费 5000 元，每周末半天，6 周	学费 500 元	买菜钱，每日做饭 30 分钟
应用（使用场景）	下个月工作汇报	给 XX 公众号投稿	春节自驾游	想在女朋友生日时弹奏一曲	今天午餐
	重要又紧急	重要不紧急	不重要不紧急	不重要不紧急	紧急
判断优先顺序	真正的刚需	学完演讲后再投入	有空再学，还没有车。春节可以包车游玩，比自己开车轻松	还没有女朋友，可以慢慢学，说不定未来的她喜欢弹唱	打电话给妈妈现学一道简单的菜

忘记，想想我们这么多年学英语就能明白这个道理。文学家村上春树，在自己转型小说家的初期，面对写作这么长周期的技能，要求自己每日写 3000 字，并定期发给朋友和编辑看。他一直保持这个习惯，直到今天依然如此。

如表所示，小明想学的技能有 5 项，使用 3 原则有效筛选出 3 项真需求，根据重要紧急程度排序后，选出了学"做饭、演讲和写作"，并且每次只聚焦 1 个技能来学习。

思考是否真的需要这项技能，会让我们的学习更有可行性。

Q3：这项技能的重点模块是什么？

"你是怎么读书的？"

"我看书少，就用笨办法，去图书馆从 A 到 Z，一本本看。"

这是电视剧《士兵突击》许三多的读书方法，我们虽然不至于这样读书，但是也容易掉进"从头到尾""贪多求全"的陷阱，从而使效率变低。其实完全可以"按需学习"，这样做反而更有效。

学技能好比逛超市，超市里分很多个区域，家庭电器、厨房用品、零食、生鲜等，我们逛的时候就要先弄清楚区域，而不是从头逛到尾，或是一头扎进各类物品里去，最后买了许多自己用不上的东西。当我们能按区域分的时候，会发现一个超市虽大，但也很好辨识。

海量资料就像是"知识超市"，书籍、课程的目录就像是

"超市分区地图",老师、朋友就像"导购",有限的学习时间就像购物车,"最近一次使用技能的场景"就是你的需求,"重点学习模块"就是你要找的知识商品。

怎么找重点呢?一看"会不会",不会的内容重点看;二看"新不新",已经会的内容里有没有新解。其余内容可以先跳过,把更多时间用来练习,确保熟练。

举个例子,小明在确定学演讲后,找到一门网课,看目录后了解主要模块有9个:了解演讲本质、确定演讲目标、掌握克服紧张情绪的方法、梳理内容结构、设计开场和结尾、学会讲故事、预备幻灯片、做好舞台呈现、确认演讲风格(图20-3)。

图20-3 演讲学习模块

之后,再结合自己的使用场景想想:目标是要代表小组做部门季度汇报。汇报中最重要的是内容清晰,要点突出,而不是自己像演讲达人一样展现魅力,因此比起舞台和风格,"内容结构"就显得更重要。那么,关于"内容结构"这一模块就要重点学习。

最后，想一想这些模块自己"会不会"，已知的模块"新不新"——比如，过去按周汇报进度，就事论事，完全没有关注过"讲故事"，这就是不会的地方，需要重点了解。演讲目标，过去只知道汇报进度，经过学习发现还可以设定说服、激励、娱乐、传播、教育的目标。小明就可以将这次目标定为传播，这就是自己学习过程中的收获。

按需学习，利用资料目录，先学习重点模块，结合使用场景，会使我们的学习更有效能。

Q4：有哪些因素会干扰我的学习？

苍蝇虽小，影响却大。所有会让你分心的因素都是干扰。

初学技能的我们也不要被"一只苍蝇"类的干扰，破坏了自己刚刚产生的兴趣和信心。

我们可以排除哪些干扰呢？

学习资源：掌握"匹配"的原则，让学习资料和自己的经验背景匹配，确保内容不会太粗浅也不会太深奥。这时我们的学习体验最好，不至于感到无聊、害怕。一些上了年纪的朋友想学编程，因为没有过往经验，可以选择儿童版带图的教材入门；如果已经是信息技术专业的学生，可以考虑使用专业教材。

环境：避免被打断，可提前关闭手机等电子设备，和家人说好相应时间需要学习以避免被打搅，保证专注度。罗辑思维的创始人罗振宇为准备每年的得到年度演讲，更是干脆找一个酒店把团队封闭一个月做练习。

工具：如果涉及工具，比如乐器可以提前备好，不要临时借用，电脑等如有需要及时充电，避免学习过程中断。

时间：想"找到"时间，先得"腾出"时间。在时间表上提前留出学习时间，而不是等有时间了再做。此外，应该选择自己精力比较充沛的时候来学习新技能。

尽可能排除干扰，为自己创造"丝滑"般的学习体验，你会更乐于学习。

Q5：怎样让自己更快进步？

作为职场人，我们无法像运动员、音乐家那样有大量时间来进行练习，毕竟那是别人的"饭碗"。加州大学伯克利分校管理学教授莫滕·汉森（Morten Hansen）指出，"比起训练时长，更应关注练习里的进步，侧重反馈和修正。哪怕每天投入15分钟也可以实现进步"。

我在大学时期是一个特别不习惯在公众面前讲话的人，为了代表学校参加辩论赛，我努力提高自己的公众表达能力。因为课业繁忙，能投入的时间有限，我会在第一天先写好1分钟时长的辩论稿，再录下自己的讲话视频。然后，将这个录像发给三五个队友或好友，听听他们的反馈意见。此外，在课间休息的10分钟研究录像，调整内容重点，留意动作、语气、节奏等细节。第二天，在第一天的基础上修正，再次通过反馈来精进。每天就用 15 分钟，保证自己投入短暂而持续的努力。持续一周，就顺利实现了表达上的精进，并因此获得了当年的"最佳一辩"奖项。

全球著名的演讲俱乐部头马（Toastmasters International）也是这样提高成员的演讲能力的：找 20 个成员，每周聚一次，1 次讲 15 分钟，彼此点评，共同进步。

通过建立反馈带来刻意练习的循环，专注于每次练习，会让自己进步更快（图 20-4）。

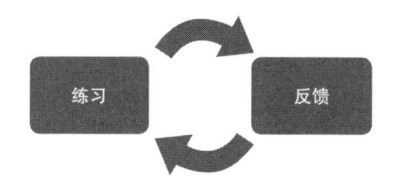

图 20-4　刻意练习的循环

Q6：为什么会有这些步骤？

学习过程中，针对每项学习内容都停顿并稍稍思考一下：为什么要有这个步骤呢？

就拿演讲来说，我曾研究过代表人物乔布斯。所有企业家都想成为苹果公司创始人乔布斯一样的演讲高手，大力模仿其在舞台、风格、嘉宾选择、时长以及结构等方面，但就是达不到乔布斯式的传播效果。为什么呢？因为一般发布会的目的是新品发布，但是乔布斯是为了让听众改变认知。

来看看乔布斯具体是怎么做的。在首次发布会上，他特意设计了一个画面：从牛皮纸信封里抽出薄薄的 Macbook Air 笔记本电脑。他在发布会开始和结尾两次重复了一句话"世界上最轻薄的笔记本电脑"，之后接受电视台采访说，"这就是 Macbook Air，它是世界上最轻薄的笔记本电脑"。同时，苹果官方主页呈现宣传语："Macbook Air，世界上最轻薄的笔记本电脑。"苹果公司官方新闻稿里这样写道："我们已经制造出了世界上最轻薄的笔记本电脑。"

这就是其他人单靠模仿行为达不到"乔式"演讲传播效果的更深层次原因。我将乔布斯的做法总结为"1 根针"策略：全程贯穿 1 个核心概念——"全球最薄"，给用户一个强有力的购买理由。这个策略也成为我日后演讲的心法。

在技能学习中，思考为什么要有对应步骤，让自己不仅是按部就班地模仿，而是领悟精髓。多问几个"为什么"，这样就能找到所有动作背后的逻辑线。如此一来，我们的学习收获将比从书本上得到的更多，甚至会形成自己的"独门秘籍"。

Q7：阶段总结——我可以做哪些调整？

一段时间后，总结一下，看看整个学习计划是否要调整。比如，学习资料太难了，就找容易一些的；学习时间不合适，换到精力更好的时间段；发现了靠自己弄不明白的地方，不埋头死磕，请教身边有经验的人。

技能就像一个人的装备，每多一个，人就更强大一些。它学习起来并不难，不要被时长吓走，更不要靠时长来自我感动。用好 7Q 法则，就能快速上手！

要点提炼

- 一个公式：技能内化 =7Q 法则 = 学什么 + 真需要 + 找重点 + 排干扰 + 思进步 + 建关联 + 常总结

实践练习

- 参照 7Q 法则，比照自己最近想学习的技能，你可以做哪些调整？

加速器

第21章
催化：触发学习力的4样法宝

> 能量总是会沿着阻力最小的路面持续传递下去。
>
> ——罗伯特·弗里茨《最小阻力之路》

我们都知道改变是不容易做到的，一种可能性是我们缺少方法和原理，另一种可能性是我们一直都在做错误的事。

这种错误也许是我们花了太多时间"推动"自己改变，却没有花足够时间"消除"前进道路上的障碍造成的。

正如罗伯特·弗里茨（Robert Fritz）在《最小阻力之路》中所言，"能量总是会沿着阻力最小的路面持续传递下去"。而最要紧的阻碍就是"潜藏结构"，它由我们的信念、假设、欲望、抱负与客观现实组合而成，影响着我们的行为和态度。

这种障碍或许是过分使劲地埋头努力；或许是将学习视为应付一段一段讨厌工作的不得已之举；或许是从未忠于自己地活着，迫切地等候退休；或许是以为成为专家是少数人的选择；

或许是默认创造式人生是"基因彩票"……这些想法就是生命中的潜藏结构，一不留神，就会让我们错过生命中的精彩。

这个世界，结构无处不在——生态环境、人类社会、商业领域、技能练习、个人成长，若能掌握并创建结构，无疑是了不起的，那么，如何识别阻碍并创建最小阻力的学习之路呢？

要回答这个问题，我们可以借鉴一个完全不同的领域——化学。

"神杯"的故事

自然界的变化是一门基于时间的古老艺术，像碳在地幔中经过压缩形成钻石，像青海盐湖水蒸发变成盐类矿物。有些反应历时数百万年，甚至数十亿年。

为了改变反应速率，化学反应中经常使用"奇妙助手"，几秒内就能让分子发生反应。

它们就是催化剂。

催化剂是瑞典化学家琼斯·雅可比·贝采里乌斯（Jons Jakob Berzelius）在100多年前意外发现的，伴随发现的还有魔术"神杯"。

那天，贝采里乌斯的太太玛利亚特别为他预备了生日宴。待他赶回家一进屋，客人们纷纷举杯向他祝贺，他顾不上洗手就接过一杯蜜桃酒一饮而尽。但到第二杯时，他却发觉不对劲，埋怨太太怎么把醋拿给自己喝。太太和客人都愣住了。玛丽亚看了看倒酒的瓶子，是酒没错，但是一尝贝采里乌斯的酒确实是醋味，客人们纷纷凑近观察，猜测这"神杯"里发生的怪事。

后来贝采里乌斯发现，原来酒杯里有少量黑色粉末是他意外从实验室里沾到手指上的，这些粉末加快了酒精和氧气的化学反应，生成了醋酸。

因为这个现象，1836年，他在《物理学与化学年鉴》杂志上发表的论文中首提"催化"与"催化剂"概念，给化学领域带来了一场彻底变革。多个诺贝尔奖因它诞生，数十亿人因此免遭饥饿，并催生了许多伟大的发明。

妙的是，希腊语中催化的意思就是"解去束缚"。

学习与改变就像我们与知识之间的化学反应，催化剂的原理同样可以用在学习中，它启发我们用一种更好的方法触发改变，那就是：发现阻碍并踢走绊脚石，引发行动。这种方法有效又省力，堪称加速器。

那么催化学习过程的加速器有哪些呢？

加速器

我列出4样加速器供你参考。

- **心流触发器**。如何让自己快速进入学习状态，投入当下？设置适宜的触发器需要什么条件？这就是心流触发器的作用。

- **休息复原器**。停止以时长来衡量努力程度，告别低水平努力，借助正确的小憩和游戏让自己心安又高效。我们需要休息复原器的帮助。
- **跃迁弹跳板**。了不起的学习者一定会不断精进，积累专业知识。掌握一定方法就像有了弹跳板，可以帮助我们更好地跃迁。那成为专家的路径又是什么呢？
- **创造黑盒子**。神奇的创造力令人着迷，就像黑盒子一样，它是否就是命运的随机一吻呢？这个黑盒子里有什么奥秘？我们可以一起窥见其妙。

就像有一句话说的，"我们不怕努力，就怕努力没有意义"。我相信接下来是一段有意义的加速之旅。

要点提炼

- 一个公式：加速器 = 心流触发器 + 休息复原器 + 跃迁弹跳板 + 创造黑盒子
- 学习与改变就像我们与知识之间的化学反应，催化剂的原理同样可以借鉴在学习中。它启发我们用一种更好的方法触发改变，那就是发现阻碍并踢走绊脚石，从而引发行动。这种方法既有效又省力，堪称触发学习力的加速器。

实践练习

- 分析你的思维方式:想要提升学习效能,你是"大力出奇迹"的风格,还是"寻找阻力最小之路"的风格?

- 看到前文这 4 个加速器,你的第一反应是什么呢?可以先试着写下你的理解,这会有助于你后面的阅读。

第22章

心流：让学习更在状态的秘密

> 在心流之下工作是发挥人类潜能的最好方法。
>
> ——米哈里·契克森米哈赖《心流：最优体验心理学》

心流的状态就像日本富山县的陶艺家释永由纪夫为了制作陶杯，乘坐4小时车亲自上富士山去找白瓷原材料；像"寿司之神"小野二郎80年如一日地做寿司，每天亲自去鱼市挑选最优质的原材料；像漫画家宫崎骏在"退休"后第一天依然坚持去吉卜力工作室画画。

这些以匠人精神闻名于世的日本工匠，拥有的不仅是勤奋和敬业的品质，更是具备完全沉浸于手头任务，为了解决某个问题坚持不懈，甚至会忘记时间流逝的能力。这种能力就是进入心流的能力。

心流的概念由米哈里·契克森米哈赖提出，是非常重要的心理学概念之一。它是指一个人完全沉浸在某一项活动中的状态,具体定义为"一个人完全沉浸在过程之中"。更具体的感受是完全沉浸、感到狂喜、内心清晰、不惧失误、平静、时间感消失,心流是内在动机最大化的一种状态。

然而,心流状态是不容易进入的,但一旦进入就会很有价值。如果我们可以掌握进入心流状态的方法,就可以收获全然投入的专注力,迸发生产力和创意,让自己活得更有幸福感。

心流条件

巅峰表现专家史蒂芬·科特勒,在契克森米哈赖研究的基础上,结合探索,提出触发心流体验,它需要我们具备以下这些心理条件。

(1)自主性。

(2)好奇心—激情—使命。

(3)完全专注。

(4)明确目标。

(5)及时反馈。

(6)挑战与技能平衡。

想进入心流状态对任务难度和技巧水平都有一定要求。挑战难度偏高、技巧水平偏高的活动才有机会进入此种状态。面对挑战,你必须掌握一定基本技巧。其实我们做大多数事情,都是刚开始有一点好奇,如果没有坚持下来就会觉得无趣,只有投入一定练习后才会觉得有意思，这也是因为掌握了技巧，才会体验到做这件事有幸福感。

因此前5个条件，其实是对想要发起心流挑战的"人"的要求，即要拥有自主力。这和我们在驱动力一章中的动力层次的发展不谋而合。

拥有自主力的人实际上就是那些元认知能力强，并且目标清晰、责任心更强的人。

首先，元认知能力强的人对自己有清晰的认识，能够不过度在意别人眼光，更容易把精力集中在眼前的事情上。其次是目标清晰，目标清晰的人更愿意迎接新挑战，也更乐意学习新技能。最后是责任心。责任心强的人喜欢解决问题，乐意花时间参与挑战，也更能够自我控制、专注做事，就会有更多机会进入心流状态。

而对于前2个条件，我们需要做的就是结合第一部分的学习内容，学会从好奇心开始，设立目标、聚集优势、借助学习、投入行动，让自己成为有自主力并具备基础技能的人。如同契克森米哈赖的发现，人做自己喜欢和擅长的事时更容易产生心流。

在达到挑战条件后，如何更进一步地制造自己的心流触发器，一按键就能开启心流状态呢？

这时就轮到心流触发器出场了，这个触发器可以由下面3种核心技能构成。

心流触发器

技能一：加点新东西，走出舒适区

心流的关键，在于选择一项够大却又不是过大的挑战，即我们有可能完成但同时又稍微超出我们能力范围的任务。

最好的办法就是，在学习过程里加入新东西，让自己走出舒适区！

拿最常见的阅读来举例。假设你想了解物理学，如果一开始就读物理学的教材，一定会很快就放下，因为难度太大。但如果我们已经了解一本书的内容，那么再次阅读就会很无聊，因为难度太低。因此，你完全可以参照前文提到的"5颗星分级阅读"的方法，不断选择匹配当下知识和技能水准的书，让挑战适当，这样你就能沉浸在阅读之中，任时间飞驰。

而阅读是大多数人每天随时随地，很快能进入心流状态的活动之一。

技能二：专注在一项任务上

信息干扰或许是我们进入心流的最大阻碍。

处理信息时我们最大的误区就是"多任务进行会节约时间"，然而科学研究结果发现，正好相反，这样做是最低效的。

我们以为的"多任务"其实是注意力的不断切换，大脑没有能力做到同时开启多个进程。一些研究表明，多任务并行处理至少会降低 60% 的效率，并且人的智商至少降低 10 分。因此，多任务只是徒增时间浪费，消耗我们的神经元。

只专注于一项活动是进入心流的最重要的条件。

如何不受干扰？下面是一些建议，能帮你提高进入心流的概率。

从事神经科学和心流状态应用研究的专家杰米·威尔（Jamie Whesl）和史蒂芬·科特勒在《盗火》一书中介绍了帮助人们进入心流状态的四个基本方法。

方法一：冥想、静坐

1988 年奥运会，一名只有 17 岁的韩国运动员获得了女子射箭项目的金牌。赛后谈及训练时，她表示自己使用的最重要的方法就是每天静坐两个小时。静坐、冥想，就是让我们的注意力轻松进入心流的最佳方式，这样做能让意识到分心的自己回到当下。现在，这已经成为 1800 万美国人的生活习惯（元认知一章里详细介绍了经典的"三分钟呼吸空间法"）。

方法二：创造不受干扰的空间

许多创作者都有自己的创作习惯。比如，作家村上春树出名的不仅是他的作品，更是他的隐士风格。据说，一般人很难接近他，他有一个非常亲密的朋友圈，在日本，他每隔几年才会公开露面一次。类似社交风格的艺术家还有很多，他们深知保护个人空间的意义，只有不受干扰，才能进入心流状态。

同样，对于我们普通人而言，为了减少干扰，还可以试试这些技巧。

- **找到不受打扰的工作空间**。图书馆、咖啡厅等都可以，不停尝试，直到找到适合自己的工作空间为止。
- **定期不用电子设备、关闭无线网络**。
- **手机静音**。在投入工作时，手机调至除紧急联络人不可联系的模式。
- **集中批量处理日常信息**。比如，只在特定时间回复邮件、社交信息，其他时间不看电子设备；将日常事务集中在特定时段完成，比如取快递、打电话等。
- **番茄工作法**[①]。如果刚开始专注力不持久，可以进行定时练习。以工作 25 分钟、休息 5 分钟为一个周期，交替进行。周期时长可以根据自己的节奏来安排，最重要的是要专注于完成一项任务。
- **仪式感**。用自己喜欢的方式开始一项任务，并在完成后给予自己奖励。比如泡杯咖啡、香茶再继续写作。

---

① 番茄工作法，是由意大利人弗朗西斯科·西里洛于 20 世纪 90 年代创立的一种简单易行的时间管理方法。它的英文名称为"Pomodoro Technique"。Pomodoro 是一个意大利单词，翻译成中文是番茄。——编者注

方法三：调整身体姿势来改变大脑认知

哈佛大学的埃米·卡迪（Amy Cuddy）教授发现肢体会反塑思想，基于这个认识，我们可以借助调整身体姿势重建和大脑的联系。

比如，我们可以通过改变姿势、调节呼吸深浅、改变面部表情、提高灵活度和平衡度等方式来改变自己的意识状态。

方法四：有意识地调整情绪

"灵感之吻"只会给准备好了的人。如果你陷在了情绪或是思维陷阱里，请记得主动跳出来，而不是任凭其发展。可以采用ABCDE法则调节情绪。比如，当你感到疲惫有压力时，可以通过深呼吸、散步等活动改善情绪，或者借助冥想更快进入状态。

技能三：日常多多创造"微心流"

让生活中多一些开心的事情并不难，这可以让自己心情愉悦，享受做事的过程，拥有更多幸福。

就像比尔·盖茨每天晚上洗碗。富有的他也许并不缺少洗碗的人，但选择亲手来做这件事，是因为他自己很享受这个过程。为了让每一天都能做得更好，他甚至为自己定了一系列的顺序与规则：首先洗盘子，其次是叉子，最后……。

洗碗能让他放松下来，梳理头脑，是属于他的"微心流"。

你听说过的费曼技巧的源起者，全世界最有名的物理学家之一的理查德·费曼（Richard Feynman）也是如此。他曾受聘参与思维机器公司（Thinking Machines Corporation）设计超级并行计算机。闲暇时，费曼会在办公室的墙上画画，以至Thinking Machines 的投资者在某次参观办公室之后打趣道："你们办公室有一位在墙上画画的诺贝尔奖获得者。"

费曼同样也有他的"微心流"。

"微心流"虽然不一定会帮助我们的技能更进一步地提升，但可以让我们在"无限游戏"中更快乐地玩下去。

就像爱因斯坦的微笑低语："一个快乐的人总是满足于当下，而不会浪费时间去想未来。"投入当下吧，当你这样做时，焦虑就会褪去，心流就会涌现。

要点提炼

- 一个公式：心流触发器 = 微难度 + 很专注 + 微心流
- 专注在一项任务上，是进入心流状态最重要的技巧。

实践练习

- 请回忆一下，你上次进入心流状态是什么时候？列出那时你在做的事。

- 请对照文中提到的提升专注的技巧，列出你可以为自己进入心流状态做出的改变。

- 请举出 3~5 件日常生活中你能处于"微心流"状态的事，把它们穿插安排在你的生活中。

第23章
休息：难以进步？你可能是太努力了

> 所有真正伟大的思想都是在散步中产生的。
> ——查尔斯·狄更斯

"躺平"还是"卷"？这是一个问题。

如果我们想要安然地做好这个选择，需要两样东西：其一是明确"起来"的意义与目的，其二是正确地休息，否则终将陷入空虚感。

关于"起来"的意义，不是单纯的休息、换个工作就能解决的，而是需要找到自己的信仰，否则不过是换一个囚笼。

《荷马史诗》中有一个人物名叫西西弗斯，他因触犯众神而被罚每天推巨石上山顶，由于巨石太重，每每即将推到山顶，巨石就又滚下山去。西西弗斯日复一日、永无止境地做着这件事。还有什么比没有希望的徒劳更加令人绝望的呢？因此，找到一个目标，将自己投入其中建立意义非常重要。唯有这样，我们才有可能拥有所谓的尊严——你是比你自己更伟大事物的一部分。

这一章我们来聊聊"正确的"休息，从灵性到身体到情感，避开误区并且用正确的方法来休息。

我们需要休息

"我们需要休息"，这还用说吗？

不得不说，阻碍我们休息的**第一个误区就是"轻视"**。"轻视"的背后是焦虑，是担忧，是疑惑，是不安。因此，关于休息最难的不是培养相应的习惯，也不是吸收一套不同于我们文化的行为模式，而是对抗内心不停出现的疑惑、担忧和焦虑，有信心地为生活按下暂停键，去体会生命本身就是一个礼物，不全然关乎你做了什么，或是没做什么。

好的休息可以使内心平静。休息一下是为了更好地工作与生活。

第二个误区就是漫无目的的娱乐。一趟说走就走的旅行，并不一定会带来生活的更新，可能花了几万元去旅游度假但还是无法点燃生活的激情。假期里的突然狂欢，也不一定有助于精力的恢复，尽兴后剩下的可能还是空虚。间歇的休息，刷刷手机、短视频，真的会让大脑得到放松吗，还是注意力的另一种消耗？

我们真的休息对了吗？

剑桥大学数学家约翰·李特尔伍德（John Littlewood）曾说："人们应该要么全力以赴地工作，要么就充分休息。"你疲惫不堪，心里又想着工作，但又没有认真去做，这样挥霍掉一天轻而易举。这是一种纯粹的浪费，你什么工作都没做，而且还没有得到休息或放松。如果能明确区分工作和休息，正确地休息、优质地休息，就可以两头受益。

好的休息，会帮助你建立起一套生命的可循环系统。

正确而优质的休息

灵性的休息

身体是奇妙的，它会发出信号提醒我们"要休息"。比如，因为生活的高度压力患上"选择瘫痪症"，难以投入真正重要的事情；有深深的疲惫感，抱有一种无依无靠的孤儿心态，希望赢得外界认可；有一种"同情心疲劳症"，容易冲动和易怒；自我欺骗，觉得自己没问题，缺乏更新能力和敏锐度。这些时候其实都需要灵性的休息。

只有回到你的"相信"中，即回到生命的秩序里，才能获得灵性的"安息"。

● 当你感到压力大时，主动为自己按下暂停键，设置一个内在清空时间。离开人群，让自己处于安静、冥想、运动或做有创意事情的状态。承认自己能力有限，你并不是超人，也无须成为超人。

● 当你感到疲惫、无依无靠的时候，可以通过个人使命和身份清单来找到"我是谁""我在做什么"的价值与意义。你也可以找一处清净的空间，书写自己的感恩清单，感恩是回应压力最有效的武器。

● 当你感到缺乏同情心，给不出爱的时候，你需要做的是放手。先让自己充满电，再试着换位思考，接纳对方。先照顾好自己，再照顾他人。

● 当你失去对自己生活的敏锐度，看不到自己的问题时，试着去找找你的"镜子"朋友。让他们指出你可以成长的地方，激活自己的灵性。

身体的休息

大脑每天只能高强度工作 4 小时。

英国杰出数学家戈弗雷·哈罗德·哈代（Godfrey Harold Hardy）曾说："对于数学家，一天工作 4 个小时就是极限了。"

这句经验之谈，在研究中也得到印证。20 世纪 50 年代，美国伊利诺伊理工大学的心理学教授雷蒙德·范·泽尔斯特（Raymond Van Zelst）和威拉德·科尔（Willard Kerr）研究了同事的工作习惯和工作时间安排，通过绘制工作时长和发表文章数量的对比图，发现每周工作时长分别为 5 小时、10 小时、20

小时、25 小时、35 小时、50 小时、60 小时的工作成果跟工作时长并不成正比，整个数据呈现出 M 形的曲线。工作成果呈现出 10~20 小时 >20 小时 >35 小时 >50 小时 =5 小时 >60 小时的情况，每周工作时间为 10 小时到 20 小时之间的时候达到峰值。

工时减少，工作效果反而更好。

结合"大脑每天只能高强度工作 4 小时"的认识，可以尝试绘制自己的**精力波点图**，找到最适合自己的黄金 4 小时，并根据工作强度有效搭配不同时间段。

精力波点图可以这样绘制：横轴绘制 24 小时时间轴，纵轴绘制精力分值，每隔 1 小时自我评估自己的精力分值。0 分是完全无力，10 分是精力充沛。经过差不多 1 周的绘制，你会发现自己最具生产力的时间段，这就是你的黄金工作时间。其他时间可以根据自己的精力情况，搭配不同强度的任务内容，从而有效调节自己。

睡眠与运动

午睡：20 分钟与 60 分钟

作家村上春树说："我经常午睡。一般吃过午饭后我就感觉睡意来袭，然后就倒在沙发上打瞌睡。半小时后我醒来，睡意全无。起床后，我精神倍增，头脑清醒。"

20 世纪 90 年代末期，神经科学家萨拉·梅德尼克（Sara Mednick）开创了对午睡影响的科学测验。她发现，一个小时以内的午睡带来的认知能力上的提升和晚上睡 8 个小时是一样的。

而且她还发现，中午短暂睡 20 分钟能让我们更机敏、思维更清晰，而白天睡上 60 分钟左右，能够提高记忆力和理解力，但若超过 60 分钟则会进入深度睡眠，反而会让人感到困倦。

适宜的小憩让我们更有活力。丘吉尔即便是在第二次世界大战时德国大规模空袭期间，也会在午饭后回到办公室，脱掉衣服睡觉。

夜间睡眠：大脑在大扫除

我们的大脑其实是个工作狂。即便是在熟睡的深夜里，它其实也没有停止工作，而是在清除毒素，整理白天处理的信息，有时还致力于解决我们白天没想通的问题。而这一切只有当我们睡得很深的时候才会进行。

纽约罗切斯特大学医学中心麦肯·尼德佳德（Maiken Nedergaard）教授研究后发现，睡眠有 5 个阶段：第一阶段，入睡期，睡眠最浅的阶段；第二阶段，脑电波会发生变化；第三阶段，深度睡眠；第四阶段，慢波睡眠；第五阶段，快速眼动睡眠。

大脑要么"清醒"，要么"清扫"，但两者不能同时进行，只有进入第三阶段后大脑才会投入清理工作。这就是睡眠的意义，否则你的大脑只会充斥着痛苦和一堆信息。

人类平均睡眠时长约为 7 小时，你可以在绘制精力波点图后进一步发现自己的最佳时长。

会休息、会睡觉是现代人的必备能力。否则，冗余的信息和不足的精力会侵蚀你的反应能力、决策能力和学习能力。

运动：散步与其他运动

只有拥有空闲时间，才不会处于稀缺心态，这是《稀缺》一书里的重要洞见，否则你在做任何事时都犹如管中窥豹，视野难以打开。

散步

在工作、学习之余散散步，是为了让自己的思维模式从"专注模式"变成"发散模式"，让思维放松，有助于产生好主意。大作家查尔斯·狄更斯早早就掌握了这一秘诀。

这些经验也获得了神经学家的支持。爱丁堡大学某团队曾对潜意识进行研究，通过把脑电图扫描器连接到受试者的头皮上，记录了人们步行时大脑的活动。仔细查看这些数据，人们发现当受试者从商业街走到公园的时候，大脑会更平和，但也没有完全走神。

在散步过程中，我们的注意力就像一只章鱼，一只脚依然惦记着工作内容，其他脚则会跑到周围环境中，将不同风景联系起来。散步转移了我们的注意力，而让潜意识自由"行走"。只有让大脑进入发散模式，才能将神经元里过去积累的不同"组块"巧妙地联系在一起，诞生狄更斯所说的"伟大想法"。

其他运动

就像村上春树说的："长时间的散步或远足都可以激发即刻的新思想；长跑则可以启发后续的思想，让你能更好地把好点子变成作品。"

许多大规模研究都表明，运动有助于认知能力的发展。例如，伦敦国王学院的研究团队曾于1999年和2009年对324名女性双胞胎进行测试，试图了解影响认知能力变化的不同因素。研究发现，那些在1999年身体更强健、更富有活力的双胞胎在2009年进行的认知测验中的成绩更高，脑部总体结构也更优。

我们之前提到培养坚毅力最好的方式之一就是运动，现在我们可以说，运动也是一种休息，请记得，它会带来多巴胺、内啡肽等"快乐"奖励。

深层游戏

这一点可能超出不少人的认知。

深层游戏的概念来自人类学家克利福德·格尔茨（Clifford Geertz）。他在游历时看到了"巴厘岛的斗鸡游戏"。与深层游戏相对的是简单游戏，例如掷色子、纸牌以及其他简单的电子游戏。简单游戏带来的是消遣，深层游戏带来的收获超越意义本身，能让人们更深刻地认识自己。

深层游戏，至少具有以下四个特征中的一个：

- 能让玩家思想投入。
- 能给玩家提供一种新环境，但可以使用工作中的常用技能。
- 能带来同工作一样的满足感，但因为参与方式的深度、节奏不同，会带给玩家不一样、更明确的回报。
- 深层游戏能够与玩家的过往经历建立生动联系。

我所钟爱的作家约翰·罗纳德·瑞尔·托尔金（John Ronald Reuel Tolkien）就是典型的深层游戏玩家，他将游戏与生活做了充分结合。

托尔金因《霍比特人》《魔戒》而出名，这两部著作最令人瞩目的成就不仅是像大多小说那样创造了宏大的世界，更是创造了一套新的语言体系。

作为牛津大学的杰出学者，他自小对语言兴趣浓厚，着迷于希腊语的魅力。他构建了自己的古体语言，并用现代形式来表达，还编制了字母表把它们对应起来。他获得了母亲的肯定和支持，虽然母亲在他12岁时去世，但是他语言学习的成就里一直有母亲的身影。

从中世纪的语言和哲学，到以芬兰语为基础创造新语言，并自创新书写体系，几十年的投入，让托尔金有实力创作出现代版的古代神话和史诗，包括精彩的童话故事《霍比特人》、电影《魔戒》，其中的精灵语体系就是托尔金自己设计的。

托尔金全身心投入创作，在新世界中使用他学习的语言技能，在创作、讲故事里获取的满足感和在工作中获取的满足感相辅相成，再加已逝母亲的支持，构成了托尔金的深层游戏。看似是创作的工作，但其实是休息。

丘吉尔曾感慨："对于一个公众人物来说，培养一种业余爱好、一种新的兴趣尤为重要。"创作等业余爱好不仅是消遣，条件恰当时，可以成为**"深层游戏"，它是无限游戏在深度上的延展，让游戏不仅能玩下去，而且更深刻。**

这就是为什么有些人在工作之余还会投入斯巴达勇士体力挑战赛、创作，甚至理财等有一定难度的学习，他们是为自己创造了"深层游戏"，努力成为卓越的多面手人才。

现代生活中，目标给了我们方向，但是也给了我们束缚。停止埋头苦干，学习、了解自己的身体，以时间为基础，定期休息，避免陷入超负荷状态，这也是现代人的功课。此刻，我想起家中老母亲的箴言："除了好好学习、好好工作，你也要好好吃饭、好好睡觉、好好运动、好好休息。"让正确且优质的休息，帮助我们的生活实现正向循环吧。

要点提炼

- 四个公式：
  休息复原器 = 灵性的休息 + 身体的休息 + 深层游戏
  灵性的休息 = 按下暂停键 + 找回身份 + 学会放手 + 找镜

> 子朋友
>
> 身体的休息 = 高效工作 4 小时 + 有效睡眠 + 有效运动
>
> 深层游戏 = 思想投入 + 技能迁移 + 深度满足 + 联系过往

实践练习

- 请思考一下,你可以采用哪些方法来休息。

- 尝试使用"精力波点图"的方法,在一周不同时段描绘自己的精力值,找到自己的黄金工作时间。

- 请列出你的"深层游戏",并继续培养它,使它能够滋养你的生命。

第24章

跃迁：从新手到专家，不只是刻意练习

> 每当你思考、相信或知道某事的时候，你无异于其他很多人；但每当你感觉到某事的时候，你就不是其他人，而是你自己……（并且）用语言来表达你的不是其他人而是你自己，这意味着你所付出的努力只是比任何不是诗人的人所能想象到的要艰难些……
>
> ——爱德华·埃斯特林·卡明斯（Edward Estlin Cummings）《诗人对学生的忠告》

集装箱、午餐肉、书籍、药、火箭……

当你看到上面一排词时，你觉得它们有什么共同点？

集装箱，看似不过是个大大方方的铁皮箱子，没有多少技术含量，却能把国际海运成本降低90%以上，把全球供应链的巨大、复杂的问题破解了。

午餐肉，一块平平无奇的装在罐头里的肉，但它本质上是

把畜牧业、食品加工、食品化学、交通运输业等多个领域的知识、方法全部封装进一个罐头里。

书籍、药物、火箭更是如此，它们是把人类各个领域的智识集中打包，送进大脑、身体还有太空里。

这些词的共同点，就是它们都是化繁为简的认知折叠。而这正是专家的特点与价值，也是我们谈论本章主题的原因。

如果你希望自己成为一个了不起的学习者，积累专业知识和培养专业技能是必需的。

那一个人什么时候才能称为专家呢？

新手和专家的区别

所谓专家，是指在特定领域具有专业知识的人，他们可以有效思考对应领域的相关问题。

专家和新手的区别，不在于理解力和智力的一般能力上的差异，而在于知识的宽度和厚度。他们之间的差异主要有以下6点。

（1）专家可以注意到新手看不到的信息，包括新模式、新视角、未发生的事件、活动机制。

（2）专家的知识积累丰富，知识的组织方式反映了其对学科知识的理解深度。

（3）专家的知识是情景化和高度组块化的，不是孤立、分散的知识点。

（4）专家的知识提取非常灵活。

（5）专家十分熟悉自身领域，但不一定能教会他人。

（6）专家应对新情景的方法多样。

就像刚刚搬进新社区，你可能会了解从家到超市的路线，但从家到学校、从家到公司、从公司到超市、从超市回家的路线，你的了解是离散的，并没有构成一个网络。但是，久居此处的"生活家"可以将这些路线"缝合"在一起，还能告诉他人怎么抄近道、走哪条路会看到特别的风景，甚至哪些特别时间点社区会有特别的活动等。

专家就是特定知识社区的"生活家"，借助有效学习，将知识地图变成思维地图、心理地图的人。

成为专家的好处可不少。

首先，解决问题的高效和准确是必然优势，毕竟手拿地图路好走。更重要的是，专家能够处理不断变复杂的问题。因为所谓"复杂"不过是问题层级多，只要脑中"组块"够多，就可以像搭乐高积木一样对它们重新搜索、组合，从而应对复杂情景。其次，专家还可以更好地感知环境，提升信息精确度和完备程度。比如，同样一局棋，棋盘大师就可以看出"一子之差"背后微妙的路数变化，但新手却不一定能感知到。最后的好处就是，专家都是学习高手，知道哪里有资源，也更容易迁移自己的学习技能，更快地学习新领域的知识。

到这里，你会发现**成为专家的关键，就是对知识的模式识别**。我们在"认知效率"一章中提到过组块，而专家的模式识别就是形成更大的组块，能够应对更复杂的题目并且有更快的反应速度。

怎样才能实现从新手到专家的跃迁呢？有 3 个关键技能。

如何从新手到专家？

关键技能 1：刻意练习，不以时长为中心，而是以错误为中心

从新手到专家，马尔科姆·格拉德威尔曾提出一个参考数字：10000 个小时。但其中一个关键变量在于人们在这 10000 个小时里需要的是"刻意训练"。刻意练习的概念提出者心理学家安德斯·艾利克森（Anders Ericssion）将它定义为"为掌握某种技能有目的地练习"。需要注意的是，这种技能的培养是有成熟方法论的，一般来自已合理发展的行业或领域，而且起初需要一位能够给予方向与反馈的导师。当我们足够熟练，就会逐渐脱离导师，开始自我检测。刻意练习是借助有意识的重复改变大脑神经元，最终随时间推移，可以无意识地完成活动的一种能力。

这份"刻意"包括设定合理目标、设计自己的训练方案、

管理学习进程、知晓休息和坚持时刻、知道如何寻求帮助以及重难点在哪里等。我将其中的关键提炼为如下 3 点。

关键点 1：在学习区练习

诺尔·迪奇（Noel M. Tichy）是世界知名领导力变革专家，他曾提出三圈理论（图 24-1）。图里的 3 个区域可以表示为你想学习事物的等级：舒适区、学习区、恐慌区。

图 24-1 刻意练习的循环

以学演讲为例。和朋友聊天是在舒适区，下意识就能完成，这一过程非常轻松，让人难有进步；恐慌区则是把你直接送到台上面对台下 500 人做演讲，这个挑战太大，会让人遭到打击、感到受挫；最佳成长区域是学习区，比如让你准备一个主题的分享，先对你的朋友进行演讲。

刻意练习的关键在于保证自己在学习区。

你可以对照自己学习的专业内容，看看分布在不同区域的比例是多少。据此你就能明白为什么有些人一年顶十年，有些人十年如一年了。

关键点 2：重复且专注地训练自己

专注的意义我们在前文分享过很多次，不再赘述。这里需要理解**重复是要在学习区内完成的**。因为学习的本质是在大脑中重构神经元系统。只有经过专注和重复，大脑的记忆环路才会形成并变得稳固。只有经过很多次练习，才能完成重构过程，将有意识的训练变成无意识的行为。

专家之所以做起事来行云流水，就是因为他们刻意训练的功夫做足了，完成了知识内化。

关键点 3：以错误为中心的有效反馈

没有错误就没有成长，更不用说学习。专家，是在一个狭小领域内犯过最多错误的人。

高效的刻意练习不是以学习时长为中心，而是以错误为中心进行学习。就像我们经历的各类考试，最高效的刷题方式就是"使用错题本"，而不是每次都从头来。

需要留意的是，刻意练习概念的提出者艾利克森发现，不间断的刻意练习只能坚持 1 小时左右，通常是在早上清醒时，而一天累计可以刻意练习的时长是 4 ~ 5 小时，而且需要刻意休息。

因此要成为专家的第一件事，就是要**梳理你投入的时间，多一些把时间投入学习区的有效练习**。

然而，只有刻意练习还不够，你还需要在练习中形成更大的"组块"，并且试着去构建自己的知识库、知识框架，并向专家的思考方式靠拢。

关键技能 2：结构化思考能力

我们在一开始提到学习里有一部分是能力培养，如果问"有什么能力既可以培养又具有高价值"，那结构化思考能力（图 24-2）绝对是最值得培养的能力。

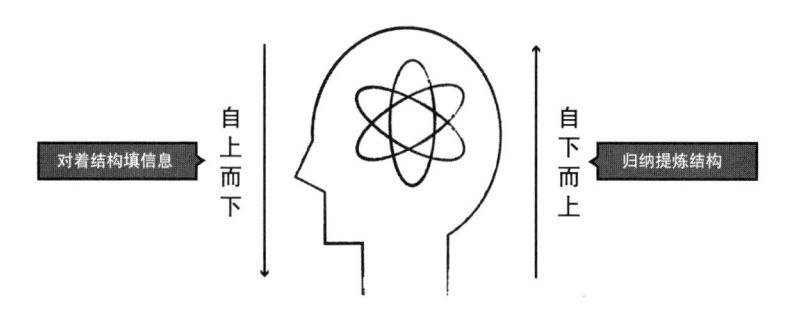

图 24-2　结构化思考能力

那么，如何才能拥有结构化的思考能力呢？有两种办法。

方法一：自上而下，对着结构填信息

如果是简单问题，就可以先找到一个结构，自上而下地对着结构填信息。比如，今天的会议流程是什么？按照时间轴顺序就可以说出来："开场—展示—中场休息—讨论—总结结束。"再如，你如何做时间管理？你可能直接想到"紧急—重要性"的二维矩阵。

但如果问题复杂一点呢？比如，"如何看待教育全球化对中国的影响"，可能就不容易回答出来了。

宏观环境分析，比较常见的结构是 PEST（Political 是政治层面，Economic 是经济层面，Social 是社会层面，Technological 是技术层面，取这四个单词首字母）。利用这个结构，再填充你的观点，就不会给人肚子里没货显得弱势的感觉了。

这是有现成结构时可以使用的方法，平时注重积累就好。结构或者说模型是我们智力增长必不可少的脚手架。没有脚手架，你就爬不到高处。

常见的思维结构包括：简单的如时间顺序、空间顺序等；二维矩阵类，比如"紧急—重要性"；流程类比如产品价值链；思维模型等比如 SMART 原则、Ikigai 模型[①]；等等。

方法二：自下而上，归纳提炼结构

具体可以这样操作：**头脑风暴→归类分组→结构提炼→观点补充。**

比如，刚求职完的小明向你寻求建议：他性格内向，工科专业背景，拿到两份录取通知书，一个是运营岗，另一个是技术岗。他该怎么选择呢？

● **第一步：头脑风暴，写下所有相关想法、关键词**

比如：①性格和岗位的适配度；②薪资待遇；③发展空间；

---

① "ikigai"一词由"iki"（生命）和"gai"（价值）组合而成，这个词可以被诠释为生命中让你感到值得活下去的价值观念。——编者注

④喜爱程度；⑤知识和技能的储备度充足度；⑥领导和团队情况；⑦工作地点和时长要求等。

- **第二步：归类分组，合并同类项**

可以分组成：①是性格；⑤⑦说的是个人技能和岗位要求；②③和收入有关；⑥是人际关系。

- **第三步：结构提炼，用MECE原则找出小组规律，确定结构**

MECE原则（全称为Mutually Exclusive Collectively Exhaustive）是指各要素相互独立，完全穷尽。

比如，分组中人际关系是否包含沟通能力、谈判能力？还没有穷尽就再列出相关能力。以上所有提及的能力是否属于个人能力呢？属于，那就没有相互独立，可以合并在一起，提炼为**能力**；性格和喜好又是相关的，可以合并在一起，提炼为**兴趣**。

结合收入项放在一起，我们就提炼出了一个结构"能力—兴趣—收入"。

- **第四步：观点补充**

比如收入这项，考虑了基本工资和未来发展，是否还要考虑福利待遇上的不同，比如假期、加薪速度等。

结合上面4步的所有信息进行分析后，你就可以把你的建议反馈给对方了。

而到这里，我们就梳理出了在"杠杆"一节中提到的Ikigai模型了，"需求—擅长—收入—喜爱"四部分交织在一起的区域就是你的黄金工作区。

因此,你日常看到的那些方法论、模型就是这样一步步分析、建立出来的。专家背后的功力就在结构化的思考能力上。

关键技能 3:不断优化自己的学习过程

成为专家究竟要学习多长时间呢?

有人说是 10000 个小时,但是我更想说这个时长应当是**"终身"**。

终身学习不是简单的"活到老,学到老",而是"有计划、有系统、有纪律"地学习,优化便是不断迭代自己的计划、系统和纪律。

商业传奇人物张忠谋对待终身学习的态度就是这 9 个字,他既是台积电的创始人,也曾是德州仪器的副总裁,是最早进入美国大型科技公司管理层的华人,在一次采访中他透露了自己对学习的思考。

有计划,指的是要制订学习计划,而且至少应该从制订半年计划和一年计划开始。在麻省理工学院拿到机械硕士学位的他,起初连晶体管是什么都不知道。进入半导体行业后,他制订的第一个计划就是苦读跟半导体相关的专业书籍,而且之后一生都在延续这个计划,因为他一直都在半导体行业工作。

有系统,指的是要有学习的整套系统。张忠谋曾表示:"有些世界级企业的首席执行官就只是首席执行官,不是世界级的人,但有不少的确是世界级的人物,他们不仅关心公司本业的事,也了解世界经济、地缘政治,这都是世界级的首席执行官应该知道的。"在大学时期就决心做经理人的他这样要求自己:从看懂财务报表、股票市场起步,扩大视野比如关心国际形势、宏观经济等。

有纪律,指确定自己投入在阅读上的时间。不花太多时间应酬,节约时间去阅读和思考。

就这样,张忠谋从一个不知道晶体管是什么的学生,借助不断学习的力量成了科技界的传奇人士。

日臻完善的学习方式会让你的效能更高,也能助你挑战更具复杂性的问题。毕竟,只有不停地学习,才能不停地"玩"下去。

当我们不再用时长来定义努力,而且运用科学方式刻意练习,不断结构化自己的知识模块,拥有不止息的学习热情时,跃迁成专家就是时间早晚的事情了。

要点提炼

- 五个公式:

  跃迁弹跳板 = 刻意练习 + 结构化思考 + 不断优化

  刻意练习 = 在学习区 + 专注且重复 + 以错误为中心

  结构化思考 = 自上而下 + 自下而上

> 自上而下 = 找结构 + 填信息
>
> 自下而上 = 头脑风暴 + 归类分组 + 结构提炼 + 观点补充
>
> - 专家和新手的区别，不在于理解力和智力的一般能力上，而在于知识的广度和深度。关键是前者能对知识的模式进行识别，让其形成更大、更精密的"组块"。

实践练习

- 请列出你想达成专家级别的领域。

- 检视你的时间表，有多少时间是在"学习区"内努力？可以采取哪些方式来增加花费在学习区的时间？

- 你会有意识地积累思考问题的框架吗？如果常常积累，它们会给你的生活带来哪些影响呢？

第25章
创造力：学习的最终目的是创造

> 聪明的年轻人以为，如果承认已经被别人承认过的真理，就会使自己丧失独创性，这是最大的错误。
>
> ——歌德

"噔噔噔噔"，贝多芬的《命运交响曲》开始奏响；毕加索用独特的观察和几笔简约线条开创了抽象派的风格；爱因斯坦用白粉笔在黑板上写出了内心的物理天地 $E=mc^2$。

这些天才的脑袋仿佛闪烁着神圣的火花，让人禁不住好奇：是什么让他们有这样旺盛的创造力？我们又可以从中借鉴什么？

这个问题引发了心理学家米哈里·契克森米哈赖的思考。是的，就是那个用"心流"发起了一场向内看运动的米哈里。

他研究了91位创新者的工作方式、性格特征和思维模式，发现创造力有悖于我们的常规理解：**创造力不是灵感乍现，恰**

恰相反，只有勤于练习的人才有机会获得"天才之脑"，拥有天才般的想法。

创造力是什么？

通常我们谈论的创造力来自3类人群。

（1）**有想法的人**。他们口若悬河、思维敏捷，但需要持续贡献价值，否则只是有才华而非创造力。

（2）**拥有个人独特体验的人**。比如，徒手攀岩的极限玩家，他们对生命的体验非凡而细腻，但是这种新颖的体验太过独特，可能只有他们自己知道，难以界定。因此，独特的洞见还需要能够表达，只有这样才能符合创造力中"带来改变"的特性。而且只有"表达"还不够，还需要获得该领域专家的肯定。这种肯定并不是"只有专家说好才是好"的认可，更多的是对洞见价值的肯定。就像爱因斯坦，起初只有5个人可以看懂他的论文研究，但这5个人却是该领域里有真知灼见的巨人。

没有人为爱因斯坦颁发创造力证书，但是人人都知道他的贡献。原因就在于他的创造力和表达，还有所属领域对他的认可，这就到了下面说的第3种人。

（3）**改变文化中某个重要领域的人**。比如爱因斯坦、毕加索、爱迪生、达·芬奇等，他们在各自领域做出的改变往往需要大量时间的积累。历史计量学家及心理学家迪安·基思·西蒙顿（Dean Keith Simonton）也有同样发现。在研究了不同时代的无数领域杰出人物的履历后，西蒙顿提出了"十年定律"，即要在任何领域成为大师，一般需要大约10年的艰苦努力。这和我们常听到的"10000小时定律"殊途同归。当人们惊呼莫扎特的第一部杰出音乐作品时，殊不知他从4岁开始就接受严格的音乐训练，已经练习了12年之久。

先成为某个领域的高手是拥有创造力的前提，离开领域的积累和认同，创造力就无从谈起。

因此，如果我们要谈论创造力，就要先确定在"哪里"产生影响，再是"谁"带来的创造力，具体的影响"是什么"。这个"哪里"就是所谓的领域。

领域是指一套符号规则和程序，比如数学、物理、文学等，或者其各自更细分的地带。而所谓的专家，就是领域的把关人，他们的工作就是决定哪些新观点和产品可以进入领域，比如教师、馆长、评论人等，这也是一些国际大奖和赛事存在价值的原因。

结合以上认知，我们就能理解米哈里对创造力的定义：**改变现有领域或创造一个新领域的任何观点、行动、事物，都是创造力。**

创造力，其实是一个领域的现象，是符号共识、专家认可、个人努力三个要素共同作用下的结果。

接下来，我们就将站在那些富有创造力的巨人的肩膀上，了解创造力的诞生过程,并借鉴方法,反哺生活,点亮个人创造力,丰盈内心。到时你会发现,幸福,不在于无心的享受,而在于有心的挑战。挑战之旅,离不开学习,创造,就是学习的最终目的。

创造力的运行机制

怎样才能获得创造力呢?结合米哈里还有美国大数据企业Track Maven 的创始人艾伦·甘尼特(Allen Gannett)在《创造力曲线》中的深入研究,分析创造力的科学规律和模式,我将其整合为 4 个阶段:酝酿、涌现、社群、迭代。

下面我以 J. K. 罗琳和她创造的魔法世界《哈利·波特》为例来进行说明。

酝酿与涌现:灵感只青睐有准备的人

1990 年,一辆从英国曼彻斯特驶向伦敦的火车上坐着一位女性。火车晚点了,然而这位女性头脑中的灵感却在迸发。

突然间,神奇世界的人物开始填满她的大脑,哈利·波特登场。"我能够非常清楚地看见哈利这个瘦瘦的小男孩,顿时心潮澎湃。我从未对写作感到那么激动,我也从未有过能给我这种强烈反应的想法。"说这话的女性就是 J. K. 罗琳。

就像她在接受《纽约时报》采访时描述的,"我在手提包里乱翻，想找支钢笔、铅笔或任何东西。我甚至连一支眼线笔都没带。于是我只好坐在那里想。由于火车晚点了，因此在接下来的4个小时里，我的脑海里翻腾着所有这些想法。等火车快到站的时候，我知道它将是一套7本书的规模。我知道这对于一个从未出版过书的人来说过于自负了，但那就是我当时的想法"。

当天晚上，回到公寓的罗琳开始在笔记本上写下魔法世界的第一笔。

她永远不会想到，《哈利·波特》会成为全世界读者热爱的作品，为她带来约77亿美元的收入，使她成为文学界的传奇。

大众看到的是灵光涌现的罗琳，却不知道她为这一刻做了多少年的准备。

当罗琳还是一个孩子时，虽然她想象力丰富，但她的生活却是紧张、窘困的。母亲的多发性硬化症耗尽了家里人的情感和财产，母亲和父亲的冲突是常有的事情。书籍就是罗琳的避难所，带她神游英国南部小村庄之外的广阔世界。当记者问她如何成为一名作家时，她说："最重要的是尽可能地多阅读，就像我一样。阅读会让你理解怎么才能写得好，并且会扩大你的词汇量。"

这样的狂热阅读状态一直持续到罗琳成年后，大学期间对拉丁文经典著作的兴趣，助力她创作了《哈利·波特》里的咒语。

正是这样高强度的输入，为她后来非凡的创造力积累了原始素材。

社群：找到一群创造力的守护者

创造力在我们潜意识里似乎总是伴着孤独的身影，但实际上富有创造力的高手从不是独行侠。

社群，作为创造力的守护者，就像《魔戒》里的远征军、精灵、矮人族和驱魔师。忠诚的山姆陪着弗罗多，沿着崎岖险恶的道路走向征途终点。即便是罗琳也是如此。

你可能不知道的是，罗琳是一位单身妈妈，曾搬到爱丁堡找她姐姐戴安娜接济。因为困窘，她还需要领每周68英镑的公共救济金。祸不单行的她还患有临床抑郁症，需要接受治疗师的诊治。

除了家人和治疗师的帮助，罗琳的成功还离不开她的出版合作者。那就是代理人克里斯多夫·里特（Christopher Little）。本不太乐意代理儿童文学出版的里特，被罗琳创造的世界吸引，帮她联系了出版社。

在12家英国出版社拒绝《哈利·波特与魔法石》后，布鲁姆斯伯里出版公司决意签下。

影响力就像涟漪，随着《哈利·波特》在英国收获大量粉丝后，又吸引了美国出版商。结果，美国学乐出版社（Scholastic）以10.5万美元的预付金价格拍下版权，引发媒体报道,《先驱报》称"在爱丁堡咖啡馆写的书卖了 10 万美元"。一位单身妈妈和兼职教师做到了不可能的事情!

一夜之间,《哈利·波特》就变成了一个商业帝国。

在这个故事中,罗琳并没有赢得"灵感彩票",而是花了多年时间阅读、规划和写作,经历了不计其数的迭代,打磨故事和人物。在这一过程中,她并非一帆风顺,经历了家庭、婚姻、身体健康和经济的多方面挑战,幸运的是她坚持下来了,并且获得了社群的支持,结果才有了了不起的《哈利·波特》。

回顾一下创造力的发展阶段。我们需要先让自己有意识或无意识地沉浸在一系列的问题中,酝酿灵感。翻腾的想法只有脱离理性的线性缰绳后才会碰撞出意想不到的化学反应。就像阿基米德走进浴室,大叫"我想出来了"的一刻。接着,在迭代过程中不断评估自己的洞见是否有价值:是新颖的,还是平淡无奇的,决定该发展哪个想法。难怪爱迪生会说:"创造力是 1% 的灵感加上 99% 的汗水。"这一路离不开伙伴的守护,否则就是一场空。

迭代:精耕细作地创造一个世界

灵感从不降临在呆坐之人的头脑中。当火车驶入伦敦站,罗琳已经在笔记本上布局魔法世界了。

接下来的五年,她不断规划 7 本书的情节,并写出第一部的内容。

只有灵感还远远不够，罗琳还会提前做好规划。在一次采访中，她展示了自己的创作笔记，仅第一部书第一章就有 15 种变化，还有一张图罗列了哈利·波特在霍格沃茨魔法学校班级里的每一个人物。不仅如此，罗琳还曾在网站上分享创作情节表，包含每一章大纲，还包括各种情节主线构成的地图。

她的最初代理人里特描述他们第一次见面的细节："特别不寻常的是，罗琳在头脑中对于 7 本书已经有了非常清楚的景象，如果你问一个关于某个特别场景的问题，当你沿着走廊走，拐进了左侧的第三个门，她就知道左侧第一个门和第二个门里面有什么。"

罗琳在每一个细节里反复推敲，精耕细作地创造着一个全新的世界。

这四个阶段必不可少，但不一定是线性发展的，更多的是反复循环的。到底需要多少次循环往复，取决于你想发展主题的深度与广度。有时需要数年，有时只需数小时。决意拥抱创造力的人必会拥有坚毅力，只有这样才不会被长期的迭代吓跑，这个过程中会有无数深刻的洞见和顿悟产生成为相伴的礼物。

做时间的朋友

到这里，我们有关学习力的内容就要讲完了。

这部分文字并不能用于吹嘘，好像只要努力，我们就能成为下一个爱因斯坦、埃隆·马斯克或者 J. K. 罗琳，我更想要传递的是，创造力不是"灵感彩票"，虽然它需要一点运气，但它更有迹可循。你不仅需要掌握一些关键技巧，还需日积月累才能成功。

就像美国传奇国际象棋大师乔希·维茨金所说："只有当我们的工作超越熟练阶段而成为自身的一种表达的时候，学习才能成为一门真正的艺术。"

学习的基础是原理，过程是不断实现技术性的娴熟，而终点是独特的创造力。以创造力为追求，你会发现自己还有很大的潜力和进步空间。 因此，别等到明天才开始实现你的梦想，才开始写你的剧本或是建立你的工作室，或是再次尝试新的实验，攀登科研高峰。从现在就开始吧！

带着怯懦是无法上路的，成功属于了不起的学习者。开始吧！道阻且长，行则将至。

要点提炼

- 一个公式：创造力 = 酝酿 + 涌现 + 社群 + 迭代
- 创造力不是灵感乍现，恰恰相反，只有勤于练习的人才有机会获得"上帝之吻"。
- 改变现有领域或创造一个新领域的任何观点、行动、事物都是创造力。创造力其实是一种现象，是符号共识、专家认可、个人努力三个要素共同作用下的结果。
- "酝酿 + 涌现 + 社群 + 迭代"这四个阶段必不可少，但不一定是线性发展的，更多是循环往复的。但到底需要多少次循环往复，取决于你想发展主题的深度与广度。

实践练习

- 思考创造力和你过去的理解有什么不同。

- 你在创造的过程中，有社群支持，还是在孤独进行？你可以做些什么来获得更多的支持？

- 请列出你最近在酝酿、创造的内容，总结你为此做了哪些准备。

第3部分

品牌力篇

不断创造你的价值巅峰

> 一个人的个人品牌＝别人如何评价你分享的信息内容和信息来源。
>
> ——布赖恩·克雷默（Bryan Kramer）
>
> 《分享时代，如何缔造影响力》

第26章

解码品牌：个人品牌如何建立？

> 我从来不利用忧虑来促进任何人的智慧。
>
> ——诗人 罗伯特·弗洛斯特（Robert Frost）

被风吹起的水面，波纹一圈一圈地荡开，形成涟漪，影响着周围的事物。

个人品牌也是如此，它让你身上独特却抽象的价值在人群中显化，并激起涟漪般的回响。

你可能会问："我只是一个普通人，又不想做网络名人，也需要打造个人品牌吗？"

我想说，你不需要"创建"，因为已然"拥有"，它天生就在你的身上！

你的个人品牌＝你，你需要做的就是把它找出来，并且呈现它。

个人品牌的本质

想想隔壁办公室的那个你爱问建议的老张、楼下卖油条豆浆的李姨、小区旁的理发师小李……是不是他们的形象浮现在脑海里,和其他人区别开来?再想想他们为什么能被你记住,为什么你找的不是别人,他们一定有什么过人之处或是特点。

也许他们没有特别打造所谓的个人品牌,但也呈现出了一种综合形象。**如果你希望塑造别人眼中自己的形象,就需要经营你的个人品牌。**

微信之父张小龙曾说:"再小的个体,也有自己的品牌。"你的存在本身,你的名字、形象、风格给人的印象犹如品牌,呈现出特定的质感,在人们心中呈现为某一种评价或是预期。它或者客观,或者偏颇,却悄无声息地决定了好运是否来敲门。

个人品牌也决定了它**自带商业属性**,为你的商业价值服务。

大多数普通人的商业价值体现在职场中。美国管理学家埃德加·H.沙因(Edgar H. Schein)在《职业锚》中指出,旧有职场价值=行业 × 企业 × 职业。选对行业、公司、职位就意味着高薪厚职。可是在现今这个不确定的时代,行业更迭速度加快,组织寿命变短,旧有价值体系松动,却带来了个体崛起的机会。

现在,职业发展专家古典老师给出了一个新公式:**职业价值=圈子 × 能力 × 特色。**

圈子代表一个人在垂直领域的影响力，能力是在职场中的竞争优势，而特色是个人具有差异化的标签和优势。

一位资深人事伙伴曾感慨："我一直以为自己挺了解职场价值的，在之前的招聘过程中，我一直秉持着旧有职业价值观。这套公式目前确实依然有很多应用情境，特别是在我所在的传统大工业领域，但在新经济形势下及往后的 10～15 年（已经遑论 20 年了），圈子、能力和特色才是面向未来的职业价值观的体现。

"个体价值的放大会颠覆庞大组织架构下平庸的大多数。同时，在逼仄的'管理'通道外，'专家'拥有了一个更友善的价值舞台。真正有能力的人在更大的辐射圈产生影响，改变世界。

"反观自己，在传统职业体系下，我踏入了一个'比上不足，比下有余'的舒适圈，但在新的职业体系下，我的职业价值岌岌可危。不是没有能力，而是没有意识，从没有经营过自己的圈子，也没想过打造自己的特色。

"虽然在不同时代，职业价值的元要素是类似的，但发力点却不一样。在传统体系下，凭借个人能力去找到一个与自身技能匹配的朝阳行业、头部公司和核心岗位，还需要依托组织的力量，而凭借个人能力去经营圈子所构建的非正式组织，放大了个人单兵作战的能力，发掘及打造个人特色，更关注自身这个'品牌'。在传统职场价值的基石上再去发展新职场价值，可以事半功倍。"

好好经营个人品牌是为人生设置更高的天花板和更多可能性。这个时代，**好职位不是长期饭票，个人品牌才是**。

个人品牌的成长路径

提到普通人的个人品牌，就不得不提到一位"顶流"人物富兰克林。他从"铁匠之子"到"美国国父"，最后被印在百元美钞上，创造了塑造个人品牌的经典打法。结合我的朋友欢喜"个人品牌需要经历能力—作品—圈子"的洞见，我将这个打法总结如下。

- 1条路径：人品→能力→作品→圈子。
- 2个阶段：做自己→产品化。
- 3个效果：认识你→认可你→认准你。

我们先来看一下富兰克林的人生经历。

1706年，富兰克林作为一个二代美国移民，出生在波士顿的铁匠工人家庭，是家里的第15个孩子。

8～10岁，是他唯一读书上学的阶段。

10～17岁，是他作为学徒的阶段。他先是跟随父亲制作蜡烛、肥皂、刀具，后来给开印刷厂的哥哥做学徒。在此期间，他开始勤练写作。

17～22岁，富兰克林离家辗转波士顿、费城、伦敦做印刷工。当学徒的 12 年间，他辗转多地，在不同印刷厂里成为最顶尖的技术人员，这也促使他获得投资，为后来的创业埋下种子。

22 岁，富兰克林回到费城开始创业，凭借印刷技能和写作技能，开办了自己的印刷所和《费城邸报》。也是在这一年，富兰克林写下了我们前面提到的 13 项美德准则计划，并且每天写自省日记。

富兰克林勤奋、善于洞察人性，他自青年期就和一群志同道合的朋友建立俱乐部，与各个领域优秀的人保持紧密的联系，并在后来的创业、从事公共事务中收获大量支持。

25 岁，富兰克林参加共济会，并终生投入，同时为第一家美洲会员制收费图书馆起草契约。

26 岁，出版《穷理查历书》，并在之后的每年出一本小册子，直到去世。

29 岁，他建议成立防火协会，设立费城缴费巡夜制度。

35 岁，设计宾夕法尼亚壁炉。

39 岁，开始做电的实验。

41 岁，组织志愿民兵防御法国和西班牙海盗。

42 岁，当选宾州议会议员。

43 岁，提出关于青年教育的建议，促使宾夕法尼亚大学的建立。

44 岁，提出设计接地装置避雷针的建议。

45岁，当选宾夕法尼亚州议会会员，连任至1764年，并公款建立了宾夕法尼亚医院。

46岁，通过风筝实验，证明闪电就是电并发明避雷针。

47岁，任北美区邮政局总局长。

52岁，做蒸发实验，发明火炉上用的挡板。

65岁，开始撰写《富兰克林自传》。

69岁，提交《联邦和永久联合条例》。

70岁，参与起草并签署《独立宣言》。

79岁，发明老年人用的双焦距眼镜。

81岁，推动并签署《美利坚合众国宪法》。

83岁，撰写并签署了致美国国会的第一份反对奴隶制进谏书。

84岁，富兰克林去世。法国议会和美国国会为其哀悼三天。

让我们按照123的逻辑捋一下富兰克林的生平。

● **1条路径**：人品→能力→作品→圈子。

反思日记练人品→日常锻炼写作、印刷、交友的硬能力→借助各地印刷厂发表年历作品→相继加入创业圈、共济会、议会、科技圈、学术圈并沿着这个路径不断"破圈"。

● **2个阶段**：做自己→产品化。

通过反思确立个人价值观并持续践行，借助建厂、出版、科学实验不断出产品，并且还是爆款产品。

● **3个效果**：认识你→认可你→认准你。

成为最顶尖的技术人员→创业者帮助他建厂→全国人民纪念他。

富兰克林的一生并不是完美的，在青年阶段他也犯过很多错误，但在22岁时就立志"同样的错误不犯两次"，攻克己身。这塑造了他的人品，为他后来人生的美誉奠定了基础。

他不因自己的出身丧失斗志，反而勤奋踏实，在有限资源下，把印刷这个一技之长打磨至最佳，使印刷成为日后创业的基础。

好学更不用说。为了学好写作，在没有人教的情况下，他以书为师，用仿写对比来练习写作，不断精进。这为他日后发表文章、起草法律等活动创造了条件。

至此，富兰克林走完了"做自己"的阶段，让自己的人生价值观和一技之长充分完善，并在广泛交际中让很多朋友认识他。

而在1732年，富兰克林编写了年鉴类著作《穷理查历书》，用普通百姓喜闻乐见的方式，印出了他遍历欧洲后习得的人生经验和生活哲理。

接下来，利用职务之便，富兰克林在担任费城民主议会秘书长期间，提议统一印刷邮票、纸币和政府文件。

在这个阶段，富兰克林通过将印刷、写作技能产品化，实现了财务自由。

此后，富兰克林也没闲着，又投身于科学，还发明了避雷针，此外他进一步投身于公共生活，建学校，致力于改变殖民地总督制的种种弊端。

用我们今天的流行语来形容，富兰克林一步步打破圈层，从出版界到商界、学界，再到科技界，最后闯进政界。

生在大变革时代，富兰克林成了印在 100 美元纸币上的男人。这是属于他的幸运与机会，那生在和平年代的我们呢？是否也能抓住机会，创造自己的幸运？

创造你的"运气门"

硅谷偶像纳瓦尔（Naval）在《纳瓦尔宝典：财富与幸福指南》一书中这样形容运气，"第一种运气是不期而遇的运气，一个人的好运完全源于他控制范围之外、意料之外的事情；第二种运气源于坚持不懈、孜孜不倦、屡败屡战、不断尝试，是靠个人主动创造机会获得的；第三种获得运气的方式是你善于发现好运；最后一种运气是最奇妙、最难得的一种，那就是打造独特的个性、独特的品牌、独特的心态，让运气找到你"。

这种最奇妙、最难得的运气，我们可以在名为"富兰克林"的个人品牌中发现踪迹，那就是他倾心专注做每一件事。

你，就是个人品牌。

你，就是自己的"运气门"。

来吧，让我们创造这扇门。

在接下来"品牌力"的板块，我们将沿着品牌力 123 的总路径，运用杠杆思维，找到自己最有商业价值的核心能力，并打磨一项影响力技能"写作"，创造自己的作品，进而将自己"产品化"。此外，我们将运用迁移思维，不断跨界和破圈，放大自身价值。最后，你会体会到弗朗西丝·霍奇森·伯内特所言："如果你沿着正确的方向前行，那么你会看到整个世界就像是一座美丽的花园。"你将在一生孜孜不倦地追求里，找到穿越周期的成长之道。

要点提炼

- 个人品牌路线：人品→能力→作品→圈子
- 关键能力 = 杠杆力 + 写作力 + 跨界力
- 如果你希望塑造别人眼中自己的形象，那么你需要经营你的个人品牌。
- 你不需要"创建"品牌，因为已然"拥有"，它天生就长在你的身上！你的个人品牌 = 你，你需要做的就是把它找出来，并且呈现它。
- 个人品牌就是你的运气门。

实践练习

- 思考：个人品牌和你原本理解的一样吗？有哪些地方不同？

- 你是否认为管理他人对你的期望很重要，是否愿意开始塑造自己的个人品牌？

- 请列出你过去做得好的部分，有损于个人品牌的事以及还可以做的努力是什么。

第27章

杠杆：建立一套杠杆系统，成倍放大人生价值

> 杠杆放大结果，但并不增加价值。
> ——橡树资本创始人 霍华德·马克斯

提到杠杆这个概念，我们都不陌生，你可能还会瞬间回想起小学时期，老师说："给我一个支点，我能撬动整个地球"的画面。阿基米德既然敢说只要"支点"找对了，整个地球都可以撬动起来，就充分说明，杠杆的力量非常大。

杠杆思维除了应用在物理学上，还可以应用在人生发展的哪些地方呢？

带着这个思考，我翻阅了思想巨匠史蒂芬·柯维（Stephen Covey）、营销之父杰克·特劳特（Jack Trout）、硅谷天使投资人纳瓦尔的书籍作品，观看了比尔·盖茨的纪录片，研究了美国心理学家理查德·M. 瑞安、爱德华·L. 德西，咨询顾问刘润，著名产品人梁宁，北大金融学者香帅的思想，发现这些高手都十分

擅长使用"杠杆思维",而这一思维对于我们普通人也颇具启示。

你是否有过类似感慨:为什么自己勤勤恳恳上学,希望找到一份好工作,努力一段时间希望升职加薪,却辛劳一生?但身边一些学历不高、白手起家的人却过上了富足的一生?

普通人想要改变,达到付出一份努力就能成倍放大价值的效果就需要"杠杆思维"(图27-1)。

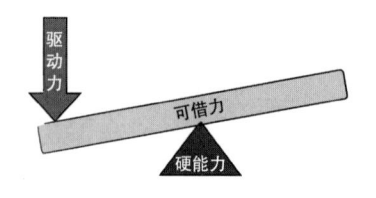

图 27-1　杠杆系统

杠杆力 = 硬能力 + 可借力 + 驱动力

所谓杠杆,无非是由"支点、杠杆、力"构成,对应个人发展,我将杠杆系统(杠杆力)拆分为3力:硬能力、可借力和驱动力。

- 硬能力:你拥有的核心能力,它决定你可以撑多长时间。
- 可借力:你可以借用的资源,它决定你可以将价值放大多少倍。
- 驱动力:你内在的驱动力,它决定你可以走多远的路。

接下来,我们逐一来看。

硬能力

不知道你身边是否有这样一类人：总想着把事情做大，花大量时间谈"关系和资源"，认为成功的捷径或关键就是"在×××领域有个人能帮自己"，可能认识了一群牛人，但迟迟无法成事。

为什么呢？因为**打铁还需自身硬**。

我们不否认资源的价值，不过前提条件是"你的能力是什么"，你到底会什么？你的能力是不可替代的吗？是可持续的吗？是可复制的吗？

能力内核，必须**坚实**、**可复制**。

一个缺乏硬核的人，就像缺乏核心资产的金融产品，这时使用杠杆没有用。即使短期有用，也如泡沫，会加速你的失败。

比如，你会学习，这很好，不过这是你的"硬核能力"吗？它不可替代吗？它可以复制吗？它可以为你带来收入吗？

为什么同样的学习能力，有人能成功打造个人品牌，有的人只能困于毫无突破的三点一线生活？那是因为前者不仅自己学得好，还能教会别人，将学习能力变得可复制。

举个例子，提到学习，没有比咨询更仰赖学习能力的行业了。咨询师常需要在几天内就吸收整个行业的知识精华，成为"企业医生"。被誉为咨询祖师爷的麦肯锡，在建立麦肯锡咨询公司的一开始，就遇到了人才培养的难题。怎么才能把自己的学习能力快速教给员工呢？他用了两招：从全球顶尖大学招募人才，并通过"知识库+方法论"的方式快速提升员工的咨询能力。

麦肯锡，从最有经验的咨询顾问那里找到了支点——"知识库+方法论"。"知识库+方法论"让学习能力从抽象的能力变为具体、可复制的能力，加速了人才培养，并助力麦肯锡成为唯一上市的咨询类公司。

沃尔沃汽车，从销售冠军团体经验中提炼出了产品硬核卖点——"安全"，从而牢牢占据用户心智，将这个概念复制到人心。

海底捞，从顾客的好评体验中发现好味道的内核——"独家秘方"的锅底，实现可批量生产。

这些藏在个体里的硬核能力仿佛"成功密码"，一经发现，甚至可以助力一家公司的发展，可见其威力。

我们怎么找到自己的"硬核能力"呢？

和你分享源自日本的Ikigai模型（图27-2），即一个人要找到自己的职业"价值"，**一定要符合4个维度：享受+擅长+他人需要+获得收入**。

这4个维度缺一不可。

● **享受**：能不厌其烦地做。

比如各类兴趣，画画、写作、健身、咨询、分享、卖东西等。通过观察、分析自己的时间表，总结自己空下来喜欢做什么就能了解自己的兴趣是什么。

● **擅长**：不用费力就比身边人做得好。

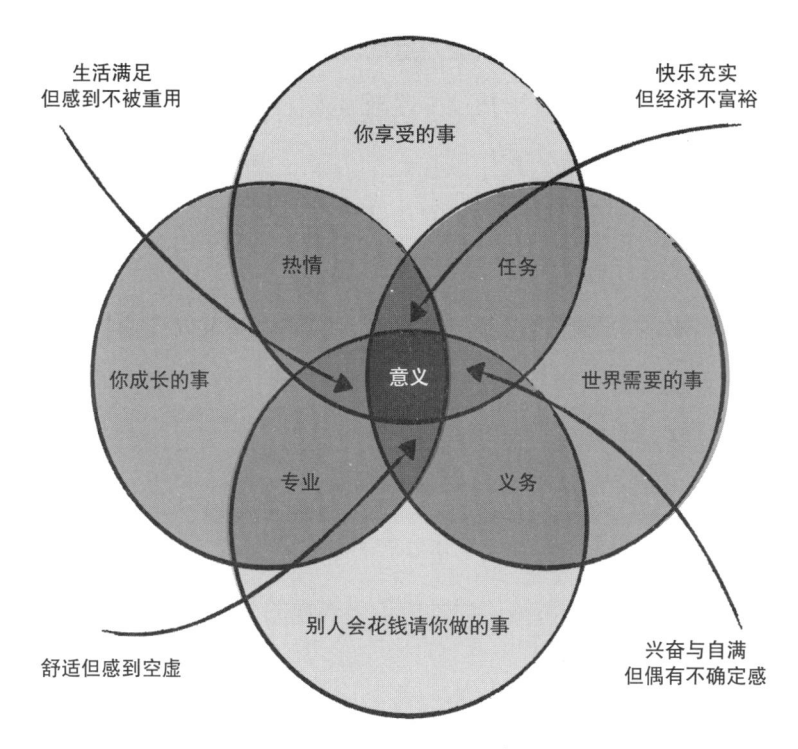

图 27-2 Ikigai 理论

比如规划组织活动、销售、设计、思考、聆听，等等。

你的才干可以通过性格测评、优势测评、基因测评来了解。

- **他人需要**：有市场需求。

这里需要注意的是，学会区分你认为别人需要什么和别人真的需要什么，观察自己的作为是否能够真正帮助到他人。

- **获得收入**：别人愿意给你付费。

这 4 个维度少了任何一个都会有遗憾，一定要选择在 4 个维度都有的能力。

值得注意的是，**硬核能力是动态发展的**，伴随学习，你的硬核能力结构也会不断精进并逐渐显露优势，从而构筑你自己独特而不可替代的竞争力。

能力是你开启杠杆效用的基础支点，接下来就是发现你有哪些可以借力的杠杆。

不知你是否有过这些想法：只要够努力就可以成功？是金子总会发光吗？靠关系就是没本事，走后门吗？如果有，我想与你分享，这真是一种没必要的自我设限。营销之父杰克·特劳特在《人生定位》中早早指出："成功不是自发产生的结果，成功的关键是你能从别人那里获得什么。"

开启杠杆作用的第二部分就是寻找你的"可借力"。

可借力

可借力主要有 5 种：关系、产品、钱、代码和媒体、时间，我们逐一来看。

（1）**关系**。借力关系并不是腹黑学，而是基于心理学、传播学、政治学的综合学问。善于调配关系力量的人，便是善于放大优势的人。这里的关系，包含家族与各类伙伴之间的关系。

比尔·盖茨曾说："自己的成功离不开早期一起写代码的伙伴保罗"，微软早期市场普及离不开他银行高管母亲的铺路搭桥。

股神沃伦·巴菲特说："如果没有查理·芒格就没有我。"

好的伙伴能让你脚踏实地，与其共同进步。

芒格基金会中国区的负责人李录能够和全球顶尖投资者结识，也是因为他参与当初学校举办的一场分享会。

而世界500强工业企业中175家是由家族控制，占35%的比例。

你看，大量的成功与合作机会其实都"潜伏"在关系网络里，这就是关系杠杆的威力。

超级关系人不一定是有钱有权有势，更可以是：有趣的人、有影响力的人、事业发展好的人、有专长的人。

俗话说，多个朋友多条路，其实人生价值扩张，有时就需要靠朋友。

（2）**产品**。什么是产品？我给你举几个例子。

古登堡的印刷技术替代了誊写师，让复刻书籍这项技能从人力服务变成依靠技术和工具，从而成为较少占用人类时间的"产品"。

大名鼎鼎的文艺复兴三杰之一拉斐尔也会使用"小孔成像"技术，实现加速出稿，一天就能画出一批作品，告别了死磕式的努力。

史蒂芬·柯维把自己的智识封装在书籍这个产品里，书卖了一亿册，他把个人的影响力也放大了一亿倍。

很多人知道爱迪生发明了电灯，但让他真正赚钱的是电表的发明。发明是一种技能，但是电灯、电表是产品，而且一个比一个使用频率高，有一户用电，他就能入一份账。

产品，就是对能力的打包封装。

这也是为什么在世界500强的公司中，做产品的要远远多于做服务的。因为只有尽量摆脱对人类时间的依赖，公司才有更广阔的发展空间，实现发展空间的不受限。

这就是产品杠杆的威力，将一份份时间打包，多份卖出，实现价值最大化。

适合普通人的产品包括：将自己的能力变成可复制的技术、专利、书籍、课程等。

（3）**钱**。《政治经济学》中提到"人工＋金钱"的杠杆力量。富人通过金钱杠杆撬动了工人力量，并借助人力杠杆获得大量财富。我们生活里大量的金钱消费也是一种金钱杠杆，比如你花100元买件短袖，本质上是用钱"撬动"了别人的时间和生产力。

这是钱杠杆的威力，它帮助你折叠时间，缩短了从需要到得到的距离。

不过需要注意的是：关于钱杠杆的使用，越是高资本，使用起来难度就越大，需要了解基本的财务、金融知识。

适合普通人使用的钱杠杆形式包括：规避未来风险的保险、指数基金、部分靠谱的虚拟货币、服务外包（知识付费、扫地机器人等）。

（4）**代码与媒体**。在上一代人中，财富由资本创造，我们这一代的财富大多通过代码或媒体创造。

国外的杰夫·贝佐斯、马克·扎克伯格、劳伦斯·爱德华·佩奇（Lawrence Edward Page）、谢尔盖·布林（Sergey Brin）、比尔·盖茨和史蒂夫·乔布斯，国内的互联网经济风云人物比如马化腾、王兴等，他们的财富都基于代码的杠杆。

我们熟悉的普通人，比如知名短视频创作者李子柒、旅游博主房琪Kiki、法学家罗翔老师等互联网大咖，都是借助媒体放大自己的影响力。

这是代码与媒体杠杆的威力，它们是你能力的放大器和广告牌。

如果你有编程的天赋或能力，不妨设计一款符合群体需求的产品或程序。

现在各路自媒体创建都非常方便，不妨开通起自己的自媒体账号，包括公众号、视频号、社群，放大个人价值。

（5）时间。我们都知道复利效应，其本质是"你上一次的投入产出，会在下一次投入中被使用并放大"。比如银行的利滚利，会学习的人学东西越学越快等现象，这些都是源于复利效应。

硅谷天使投资人纳瓦尔说过这样一段话："生活中的所有回报，无论是财富、人际关系、爱情、健康、活动，还是习惯，都来自复利。我只想选择值得一辈子深交的伙伴和能获得长期回报的事情。"

所有的美好，越早开始积累，复利的力量就越大。时间可以陪你结出更大的果实。

我将这 5 种可借力，在章节末用表格形式再次呈现给你，并附上了常见的方法和路径，你可以梳理一下自己已经有的资源。梳理完资源，你会发现**这个时代没有怀才不遇，只要你有一技之长，就可以借助杠杆获得成功。**

当你在一件事情上投入一段时间后，不知道你有没有一瞬间有过这样的感受：工作内容重复，社会压力增加，每天被各种信息轰炸到麻木，只想什么也不做，放空自己。你是否对工作失去动力和激情？为什么会这样？

要想杠杆效用持续有效，你需要第三种力量——驱动力。

驱动力

美国心理学家理查德·M.瑞安和爱德华·L.德西曾提出自我决定论，《高效能人士的七个习惯》的作者史蒂芬·柯维，年轻时敢于放弃家族连锁酒店继承权，忠于自己做教师的梦想，成为一名大学教授、作家、思想巨匠，最终在领导力、组织高效性以及家庭领域成了世界范围内最受欢迎的思考力领导者之一，他的例子也印证了这一理论。

他用一生传递这样一个观念："一个人的人生有两种：一种是内在的主体强大；而另外一种是外在的次要强大。内在的主体强大指的是你真正是谁——你的性格、你的完整性以及你最深层次的动机和渴望。外在的次要强大指的是你的受欢迎程度、头衔、位置、名誉、财富以及体面。"在柯维看来：内在 > 外在，即 be（什么样的人）> have（拥有什么）> do（有什么能力，做了什么）。这和发挥杠杆作用的次序说的是一个道理：在运用杠杆时，内在动机决定你可以走多远。

作为普通人，我们可以充分地自我探索，挖掘内在动力。

怎么挖掘呢？我的答案是"**认真过好每一天！**"在每一天的探索中，你会不断靠近本真的自己。

通过各类工具测评和觉察日记进行自我探索都是不错的方法。

增加对自己的了解，包括性格、优势、兴趣……这些要素都会帮你做外在减法和内在乘法。

知道自己哪些方面不擅长，谨慎避开；哪些方面自己能发挥优势，就将杠杆优势发挥到最大。让自己走得更远、更有力。

最后和你分享我的故事。

2019年12月，除了本职工作，我开启了自己的写作之旅，结识了合作伙伴欢喜。

从卡片笔记的概念入手，免费带领40位小伙伴内测卡片写作法的可行性，共计4个月。

2020年2月，运用卡片写作法获得头条平台青云奖，收获专业肯定，写作能力提升。

2020年4月至2020年7月，开始研究知识管理，参与研发知识管理课程，这套课程后续服务了近2000名用户。

2020年7月至2021年7月，高校邀请我担任《个人知识管理》课程顾问，同期，我和欢喜创办的见感思行创作营也运营了5期。

2021年7月至今天，我收到编辑著书邀请，系统研究"如何学习"这个主题。阅读不下100本相关专著和论文，更加深入地理解了学习背后的方法、理论、机制。

2023年的我，正在本书中和你相遇。

这一路，在写作这项能力上，我的杠杆系统是这样发挥作用的。

● 找到硬能力。

通过Ikigai模型，我梳理出了自己的"价值"硬核能力：管理能力+学习能力，这两种能力让我在本职工作里做到不错的水平。我的潜在能力是写作，符合"享受+擅长+他人需要+获得收入"四个维度，需要走向精专。

● 寻找可借力。

钱：付费学习写作，学习欢喜老师的写作系统课，帮自己节约时间，快速构建自己的写作系统。

关系：我于2018年结识欢喜老师，进一步成为合作伙伴，创建了见感思行创作营社群。

产品：将管理能力产品化应用在社群构建服务体系、将学习能力迁移在写作上，收获写作能力，进一步将经验产品转化为文章、课程。

这是杠杆作用的第一次发挥。

● 硬能力升级。

将管理能力和学习能力叠加，整理出一套知识管理系统，升级了自己的内核能力。

● 可借力升级。

关系：朋友介绍，将知识管理能力进一步价值化，成为顾问老师，有机会服务更多学生。

产品：从自己写课到带领大家一起创课，设计《巨人工具箱》的系列课程。

媒体：创建社群，一对多的方式让人了解我的技能，收获更多合作的潜在可能性。

时间：第一时间付费学习，缩短学习路径并探索节省精力的办法。通过撰写日记记录自己是如何成长的，让时间化作经验为自己背书。

这时，杠杆作用得以第二次发挥，未来还将继续发挥。

这一路，我把写作兴趣变成了能力，服务了近21000位客户，社交圈扩大到知识产品圈、写作圈、知识管理圈，此外，我提升了知识管理技能，收获新身份，同时也创造了新的可能性。

而支持我不断前进的就是内在驱动力，一颗成长、超越自己的心。这些经历有效验证了杠杆思维带来的价值倍增。

只有内在愿景的驱动，没有支点和杠杆，那一切不过是虚浮美梦；只有资源的杠杆，没有支点和愿景，那一切也只能是泡沫一场；只有能力的支点，没有杠杆和愿景，那么一个人将会平庸一生，难以实现价值最大化。只有三者都具备了，才能打出系列组合拳，让系列杠杆产生多米诺骨牌式的叠加效果。

愿你三者都有，一份努力换回成倍价值。

我将杠杆系统整理成了表 27-1 供你参考，你可以在最后一列写下你的思考。

表 27-1　杠杆系统整理

	关键	要点	你的思考
硬能力	Ikigai 模型	一定要同时符合 4 个维度：享受 + 擅长 + 他人需要 + 获得收入	
可借力	关系	亲人、有趣的人、有资源的人、事业发展好的人、有专长的人	
	产品	书，课，专利，技术机械化，专辑、画作等艺术品	
	钱	服务外包或选购保险、基金等	
	媒体和代码	书籍、自媒体、电影和代码	
	时间	尽早入场，形成复利效应	
驱动力	内在 > 外在 be> have> do	测评工具、写日记是好方法，通过自我探索实现能量叠加	

要点提炼

- 四个公式：

  杠杆力 = 硬能力 + 可借力 + 驱动力

  硬能力 = 享受 + 擅长 + 他人需要 + 获得收入

  可借力 = 关系 + 产品 + 钱 + 时间 + 媒体和代码

  驱动力 = 好奇心 + 激情 + 使命感 + 自主感 + 掌控感

- 杠杆可以放大结果，但并不能增加价值。
- 这个时代没有怀才不遇，只要你有一技之长，就可以借助杠杆实现成功。

实践练习

- 你会经常使用杠杆思维来想问题吗？过去的哪些成就是基于"杠杆"获得的？这给生活带来了什么影响？

- 请参照 Ikigai 模型，挖掘自己符合"享受 + 擅长 + 他人需要 + 获得收入"四个维度的能力。

- 请对应表 27-1，盘点你拥有的杠杆资源。

第28章

写作：不要小看"写下来"的力量

> 你可以写，你该去写，而且你如果足够勇敢，已经开始写了，就要坚持写下去。
>
> ——史蒂芬·金

有一篇文章名为《出租车司机给我上的MBA课》，作者是微软前战略合作总监、润米咨询创始人刘润。文章通过讲述刘润和出租车司机的互动细节，生动讲解了到底什么是MBA。该篇文章的曝光量上亿。距离文章发布已超过16年，但直到今天，还有人通过这篇文章找到刘润，邀请他合作。

一篇好文章自己是有"脚"的。

如果你会沟通，你的一次对话可以影响听你说话的一个人，或是一桌人。

如果你会演讲，你的一场发言可以影响成百上千人。

但如果你会写作，你的一篇文字可以影响上亿人，其影响力呈指数级倍增,可以穿透时间,传递给未来的人,价值不言而喻。

所以,千万不要小看写下来的力量。

文字是世界与你的接触点,是你的移动广告牌,它会"跑"到需要的人那里去。

看到这里,你可能会想"我阅读、写作又不是为了影响别人,就是为了自我提升"。你想选择这样"修脑""修心"很好,不过我还是想用 16 个字与你共勉:"**刻意练习,才有进步;以写带读,作品为王。**"要做,我们就做有复利价值、长期价值的事情,已经花了时间,不如争取留下属于自己的作品。

前面我们分享了写作的价值,你脑海中是不是浮现了安静书房、刻苦己心,洋洋洒洒写几千字的画面?

别着急,我们先来针对"好文章"的"好"字达成共识。

好文章的标准

到底什么是一篇好文章?

不同场景、不同需求、不同文章题材下,好的定义是不同的。我与合作伙伴曾发起一个卡片创作营,在创作营中,我们定义的好是"提供价值"。

你所写的文字代表着你将对应知识消化、理解了,能解决实际问题,是你在某个领域、项目、阶段的集中呈现。这种文字自然会对别人有价值,或带去启发,或解决问题。

我曾在合著书里写过一篇关于恋爱观的文章,后来许多作为父母的朋友找到我,询问是否有关于教导孩子恋爱的课程,希望指导自己的儿女。还有许多适婚年龄的女孩找到我,反馈自己受益之处。

我们创作营过往开发的系列小课,都是历经"上刀山,下火海"般修改的作品,最后以 SOP 形式提供给读者。

所谓 SOP,是 Standard Operating Procedure 的首字母缩写,即标准作业程序,指将某一事件的标准操作步骤和要求以统一的格式描述出来,用于指导和规范日常的工作和生活。

以上都是靠写作写出生产力,解决实际问题、给读者带去价值的例子。

写好文章的 6 步法

我们在什么是好文章上达成共识后,下一步是怎么写出一篇好文章。

我为你总结了 1 个模型即"信息源—卡片—组合结构",通过 6 步就能顺利实现从阅读到写作的过渡(图 28-1)。

图 28-1　写好文章的 6 步法

第 1 步：选择信息源

信息大爆炸的时代，信息供应有时远远大于需求，比起不断的输入信息，我们更需要的是信息筛选。

和你分享一个写作理念，叫作"顶级信息论"，就是指找到自己行业里最好的资料并努力深挖，找到知识源头，为自己的作品积累价值背书。

对于普通人而言，性价比最高的信息源就是书籍了。不过，书籍作为权威信息源的一种，价值也并非都一样。

在认知过滤器中，我们曾分享过书籍的传播路径：

一线科研、学术成果→通识读物→畅销读物→民间宣传，逐渐变得普及。

以我们熟知的"10000 小时定律"为例，它因马尔科姆·格拉德威尔而为众人所知。根据百度搜索结果，现在有超过 3000 万个网页提及这一理念，甚至有定制版 App 出现，方便大家进行 10000 小时的统计。

然而，这个定律出自埃里克森教授的研究论文，研究者本人认为"格拉德威尔曲解了我们的论文"。原因在于 10000 小时定律容易产生两个误区：第一，这篇论文重点强调带着目的来练习，而非时长；第二，即便带着目的练习了 10000 小时，也不代表你会成为专家，因为这个数字只是专家的平均练习时长而已。仔细想一想：那么多年你学英语是否成了语言大师，开了那么多年车是否成了职业赛车手呢？

这个经典案例告诉我们，尽量读各领域的专业书籍，那些能建立起自己的认知堡垒、知识结构的书籍。此外，也可以参考书籍推荐人的推荐意见、读者评价、出版时间等来决定读什么书。

当然，有时为了追求时间性价比，也可选择先读通识、畅销读物，建立认知后再攻读专业书籍。

人类智慧灿若繁星，尽可能阅读一流作品，这能让你获取的信息质量保持在一定水准之上。

第 2 步：卡片粗加工

一本书展现了作者对特定主题的完整思考，因此如果你决定要读它了，尤其是想细读的，就要对书"下狠手"。大作家李敖的阅读法就是"大卸八块，一次读完，精华全带走"。怎么做到这点呢？我向你推荐创作营的"见、感、思、行卡片笔记法"。

我们对"见、感、思、行"的定义是一套思维框架（表 28-1），展现了客观→主观→思考→行动的过程。

表 28-1 "见、感、思、行"思维框架

序号	提炼标题（卡片重点讲了什么？可以是一个关键词或一个问题。这张卡片可以解决什么问题）	见（可以摘录原文，也可以把见到的现象、内容、观点提炼归纳，用自己的话表述，备注来源、记录时间）	感（结合自身案例解释知识，讲清楚这个知识点）	思（主要是找知识和知识之间的联系，有对比和冲突，你的思考会更有深度，重点在于"联系"）	行（经过见、感、思，你将如何行动）
1					
2					
3					
4					
5					

一张见、感、思、行卡片分为 4 个部分。

● **见**：如实记录。比如写日记，将读过的书、看过的文章中有价值的内容摘录下来，并用自己的话讲述。这里注意：不要曲解原意，不做任何延伸。

● **感**：记录中哪些内容影响了你的情绪，让你开心、惊讶、感动、鼓舞、沮丧、恐惧等，具体到什么样的场景、什么样的动作影响了你的情绪，把它写下来。

● **思**：接下来是思考，你的收获是什么，横向层面上有没有类似的观点或是有哪些冲突，纵向层面有什么想继续追问的。

● **行**：接下来如何改进？比如列清单、仿写等，让自己有快速消化的最小行动。

"见、感、思、行"是结构化的过程，目的是简单、快速做记录。

所有打动你的，不管是金句、段落、观点、概念、模型还是故事，统统都可以摘录。只要它触发了你的思考、联想、行动方案的设定，就应该在"感、思、行"栏里记录下来，成为你后续精加工的记忆线索。

这样一轮下来，你就能改掉传统做笔记看后就忘的毛病，让大脑专注用于思考，而不是存储。把存储的工作交给工具，比如印象笔记 App 来完成。

第 3 步：卡片精加工

留下的精华很多，需要做选择。我们要把好观点挑出来，单独进行精加工。

这里提一下什么是好观点。

"好"可能是认知高的，能够提升你认知天花板的内容；也可能是"反常识"的观点，能够掀翻天花板的内容。总之，带来价值、解决需求的观点都是好观点。

比较难践行的是"思"，这一环节是打造知识结构的关键。

如何串联起知识呢？在写"思"这一栏中，很容易发生"想不到"或是"与过去认知有冲突"的情况。这个部分可以和大家分享一个小诀窍：把知识分为新知和旧知，遇到冲突用提问来解决。"思"：哪些是我已经知道的旧知？哪些是我刚知道的新知？为什么有冲突？不同知识的适用场景和条件是什么？这样会帮助你更快建立起知识的网络。

第4步：卡片组合

经过前面的积累，你已经拥有大量优质的写作原材料。开始写一篇文章时，你会有一个主题，围绕主题在积累的卡片库中搜索，找到合适的卡片来搭建文章结构。

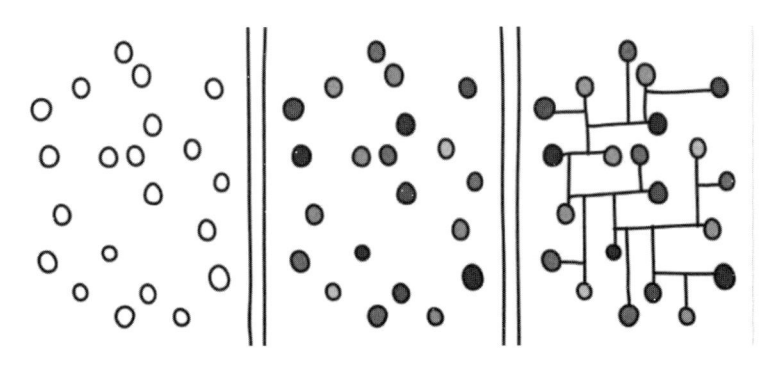

图 28-2　不同文章结构

注：图片源自 Gapingvoid，Culture Design Group。

史蒂芬·平克在《风格感觉》中提到，"写作之难，在于把网状的思考，用树状的结构，体现在线性展开的语句里"。

究竟怎么找到合适的结构呢？和你分享3个常见方式。

- **黄金思维圈式**：为什么（why）、怎么办（how）、是什么（what）。

比如在本章中，我先为你阐述写作的价值，这是提供 why，再为你提供方法，这是 how，最后为你提供每一点的说明，这是 what。

- **清单式**：比如罗列1、2、3点。

在上述提供方法的过程里，我用了 6 步法为你阐述了写作步骤、每一步的要点，这是个递进的清单。

- **比喻式**：用一个合适的比喻帮助读者迁移、理解新知识。你可能没发现，在本章里我用到"信息源""加工"的说法，其实是一种隐喻，把写作的过程比作文字加工，这样就能让抽象的写作过程变得具象、好理解。

第 5 步：修改润色

一篇文章难免有错字、病句，就像衣服的线头，再贵的衣服看见线头也会显得廉价。因此，我们需要修改，尽量减少错误，使文章变得赏心悦目。目前我的方法就是录音读一遍。读一遍，你就会发现哪里不顺畅，哪里需要更书面化，哪些地方需要删减。

第 6 步：提炼 SOP

经过上面 5 步，一篇好文章就基本成型了。如果你还想更进一步，可以思考是否能提炼出一套 SOP。

SOP 的精髓是将细节量化，形成表格或是模型，从而变成可复用的思维产品。如果能做到这一步，那真是非常了不起！

本章讲述了写作的全过程，我们可以创建卡片 SOP（图 28-3），照着做就能出结果。

选择信息源 → 卡片粗加工 → 卡片精加工 → 卡片组合 → 修改润色 → 提炼SOP

图 28-3　创建卡片 SOP

案例展示

创作营小伙伴拾柒的书评《写作法宝宝典：写作的法宝在于处理三层关系》的创作过程如下。

第 1 步：选择信息源。关于写作，选择非虚构写作的教材级指南《写作法宝宝典》（*On Writing Well*）来研究，该书是针对非虚构写作的经典作品，已畅销 30 年有余，作者威廉·津瑟（William Zinsser）是资深作家和编辑，在耶鲁大学和哥伦比亚大学教写作。本书从心法到技法都讲述得较全面，堪称非虚构写作的教材级指南。

第 2 步：卡片粗加工。建立好"见、感、思、行"卡片框架，逐章阅读，看到好内容就摘抄进"见"这一栏，并在"感"一栏里写下打动她的地方，比如"困惑""有共鸣"等。

第 3 步：卡片精加工（表 28-2）。在"思"的部分找到知识点关联，比如"简洁与风格的冲突"。

第 4 步：卡片组合。选择一个最有表达欲的主题"文字是一种交往"，从卡片库中（图 28-4）挑选卡片。梳理结构来组合成文，可以用清单结构，分 1、2、3 层来描述会更清晰。

表 28-2 卡片精加工

序号	标题	见	感	思	行
第1章	交往	任何作家要销售的产品不是写的东西而是自我。文字，作为桥梁，连接作者和读者，使得写作成为一种"交往"，它是好的非虚构写作的核心。让交往产生的不是写作的技巧，吸引读者继续读下去的不是个性化的技巧，而是如何运用语言最大限度地确保清晰度和力度的问题。交往"人文与温情"是写作的最重要的2个因素。	文字是带有自我属性的，当完成写作，完成文字的传递时，交往开始，而在交往过程中，最重要的是人文和情感，这是交往的内核。文字仅仅是一种介质。因此，你的文字就是你生命的一部分。写得好不好，那都是你的部分。你需要做的就是用一种清晰的、有力度的文字去表达自己，完成与他人的交往。	我没有写作方法的困扰，只知道写作是一辈子的事。写得好的人太多了，我会怀疑自己，我像是一个面部受伤的人，还在治疗中，一层层纱布包住我的脸庞，我不自信，害怕别人的注视和漠视。但同时我也在自我疗愈，不自信导致我在装腔作势，还虚伪。好的是，我从未放弃，我不断地让自己变得更好，纱布被我一点点地撕下，最袒露出自己的真实面目，但真实面目也许不够美貌，但如果足够干净诚恳，那就是最好的状态。	文字不是衣服、鞋子，文字是自己精神的一个部分，写出来是格具物质化的，而你足够好，还可以更好，完成地写作，完成与他人的交往。

续表

序号	标题	见	感	思	行
第2章	简洁	好的写作的秘诀就是剥离每一句话中的杂物，只留存其最简洁的部分。每一个无用之词，每一个可改短的长词，每一个在动词中已经表示其相同意思的副词，每一个使读者不知谁在干什么的被动语态结构，都是削弱句子力度的掺杂物。 将赘语清除出头脑。清晰的思考产生清晰的写作。思维混沌的人不可能写好。清晰地思考是一种自觉的行为，作者必须练就这一本领，就像他们做任何需要逻辑思维的事情时一样。 写作中作者必须不断地问：我想说什么？所谓的好文字都是不断修改的结果，每次修改都在尽力使所写的文字更紧凑、有力、精确，剔除所有无用的部分。然后再过一遍，朗读一遍，每次都发现仍有许多赘词可以去除。 好的写作并不是与生俱来的，写作是艰苦的工作。如果你觉得写作难，那是因为它确实难。	简洁，再简洁。读者的注意力是有限的，只有简洁的描述可以尽可能降低读者心力的消耗，让一个画面或是一个道理被恰当地、一处地描写出来是读者需要的。如果别扭拐弯抹角，连自己都不知道自己想要表达什么，那读者又怎么去"欣赏"你的文字呢？ 简洁包含两个层面，内核是自己的理解逻辑，有自己的想法，无论对错，但是想清楚了；逻辑是清晰的，另一层面则是减少累赘的东西，让逻辑和思考能够更清晰地展现出来。 简洁行文也是一种可以培养的习惯，一旦习惯养成，你就会对非简洁的表达方式嗤之以鼻。 写作是一件很容易，门槛很低的事，但同时如果要写好，又是一件滴水穿石的事，但也就是这样的特征才赋予了我们这样的人机会。	简洁的背后是自己清晰的思考和理解，因此简洁不只是一种习惯，也是我们"专注"的清晰性。清晰的思考是我们完成专注的前提，要不然很容易让人感到莫名其妙，或是失去专注的兴趣。	建立文章检查清单，将简洁的要点列入。

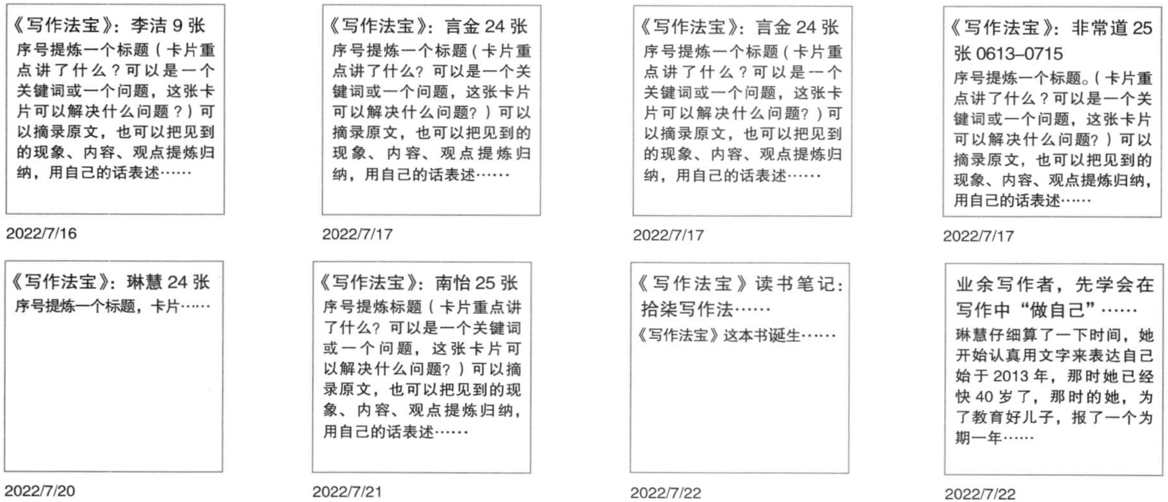

《写作法宝》:非常道 25 张 0613—0715
序号提炼一个标题。(卡片重点讲了什么?可以是一个关键词或一个问题,这张卡片可以解决什么问题?)可以摘录原文,也可以把见到的现象、内容、观点提炼归纳,用自己的话表述……
2022/7/17

业余写作者,先学会在写作中"做自己"……
琳慧仔细盘算了一下时间,她开始用文字来表达自己始于2013年,那时她已经快40岁了,为了教育好儿子,报了一个为期一年
2022/7/22

《写作法宝》:言金 24 张
序号提炼一个标题(卡片重点讲了什么?可以是一个关键词或一个问题,这张卡片可以解决什么问题?)可以摘录原文,也可以把见到的现象、内容、观点提炼归纳,用自己的话表述……
2022/7/17

《写作法宝》:读书笔记、拾装写作法……
《写作法宝》:这本书诞生……
2022/7/22

《写作法宝》:言金 24 张
序号提炼一个标题(卡片重点讲了什么?可以是一个关键词或一个问题,这张卡片可以解决什么问题?)可以摘录原文,也可以把见到的现象、内容、观点提炼归纳,用自己的话表述……
2022/7/17

《写作法宝》:南怡 25 张
序号提炼标题(卡片重点讲了什么?可以是一个关键词或一个问题,这张卡片可以解决什么问题?)可以摘录原文,也可以把见到的现象、内容、观点提炼归纳,用自己的话表述……
2022/7/21

《写作法宝》:李洁 9 张
序号提炼一个标题(卡片重点讲了什么?可以是一个关键词或一个问题,这张卡片可以解决什么问题?)可以摘录原文,也可以把见到的现象、内容、观点提炼归纳,用自己的话表述……
2022/7/16

《写作法宝》:琳慧 24 张
序号提炼一个标题、卡片……
2022/7/20

图 28-4 卡片组合

第 5 步：修改润色。自己读一遍，并发到创作营里请朋友们阅读反馈，再进一步修改。

第 6 步：试着提炼 SOP（图 28-5）。

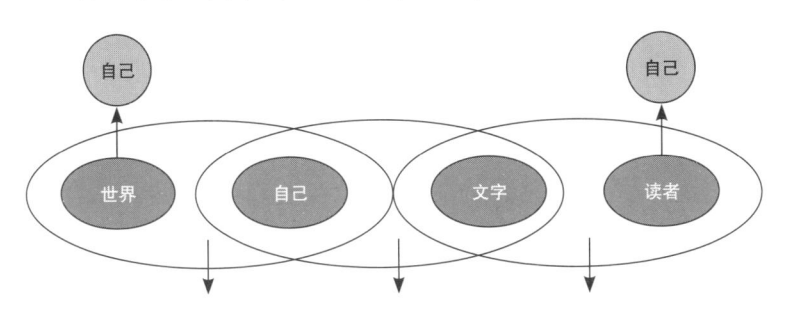

性格、价值观、风格的形成：
- 理解与表达
- 往小处着手

有关的技巧和方法：
- 准确简洁的文字
- 词语的使用
- 保持统一性
- 写好开头和结尾

文字作为桥梁，实现交往：
- 不为迎合而改变自己的"声音"
- 尽心尽力

图 28-5　提炼 SOP

经过 6 步，一篇作品大功告成，最后成文发表。

> **要点提炼**
>
> - 一个公式：写作力＝一流信息源＋卡片笔记库＋组合结构
> - "好"文章在于提供价值，而不一定是文采好。
> - 一流信息源是指找到自己行业里最好的资料并努力深挖，找到知识源头，为自己的作品积累价值背书。
> - 以卡片为单位进行笔记积累。

> **实践练习**

- 你对写作的理解与感受是什么？对于写作要有"作品意识"，你的态度是？

- 请检视一下你的写作方法，你是否有自己的卡片笔记库？还是你每次都从头开始写作？

- 请尝试针对今天的工作或生活写上一段文字，并提炼出SOP。

第29章

作品：将你的能力打包封装

> 一个人为了要把自己体验过的感情传达给别人，于是重新在自己心理唤起这种感情，并用某种作品把它表达出来——这就是"艺术"的起源。
>
> ——列夫·托尔斯泰

如果你问："在经营个人品牌的过程中，一个人真正被人记住的是什么？"我会答："是你的作品。"

提到凡·高，我们会想到《向日葵》；提到克里斯托弗·诺兰（Christopher Nolan），我们会想到《阿凡达》；提到金庸先生，我们会想到《笑傲江湖》；提到投资人徐新，我们会想到京东；提到乔布斯，我们会想到苹果手机。

不论是画家、电影人，还是作家、投资人、创业者，任何一个真正拥有品牌力的人，往往都因自己的作品而被人记住。

我们应该花更多精力打磨作品，而非包装头衔、背景或经历。

什么是作品？

如何定义作品呢？

作为职业生涯规划师、创业者、畅销书作家的"多边形战士"古典老师，曾将产品、作品、商品三者比对后给出定义，这里特别摘录出来分享。

产品：根据清晰的需求产出内容。指标是客户满意。

作品：是在产品之上，融合自己的体验、风格产生出来的，一种带着个人强烈风格和人格的内容。指标是内在满意和客户满意。

商品：是围绕这个作品的所有——营销、运营、资源配置、组织力量的综合。指标是内在满意 + 客户满意 + 商业成功。

做产品的是职业人，做作品的是创作者，做商品的是经营者。

为了自己热爱的东西，你不仅需要创作，还需要为你的作品找到好的平台、好的操盘人，实在找不到，就自己操盘。这是这个时代，知识创作者必须要有的觉悟。

我们在写作一章中，提到的卡片算是小产品，打磨的是产品能力，出售的小课带有自己的品位算是作品，而平台兜售的整体课程就是商品了，可以为更多朋友赋能。

"1000名铁杆粉丝"理论的提出者凯文·凯利（Kevin Kelly）是创作经济的支持者，也被誉为未来预言家，他曾在演讲中表示，"一份对美国年轻人的采访中显示，想在一个充满激情的领域中成为创造者的人，比想成为宇航员的人多了3倍。可以自己掌控时间和命运，这是人们的渴望，但在大企业占主流的世界里，创造者需要一个金字招牌安身立命。所以，我提出了名为'千名铁粉'的方案。这个方案是一条中间道路，既不是默默无闻，惨淡收场，也不是追求一鸣惊人，销售百万"。

所以，在本章的描述中，我先将目标定在"作品"这里，并以"1000个铁杆粉丝"为方法论向商品过渡。我想这是个人品牌经营路上跳一跳就可以够得着的目标。

如何打造作品？

我想与你分享四个关键。

最小化可行产品

最小化可行产品（minimum viable product，MVP）这个概念来自"精益创业"，它指用最少资源、最快制作出来的、可执行基本功能的、能被用户使用的试验性产品。

听起来还挺简单的一个概念，但是许多人连第一步都常常迈不出去，缺少"往前一步"的自觉。回想一个人从小学到中学，再到大学、读博士，花了20多年的时间，不过是在"做准备"，却不是在"创造产品"，因此我们大多数人一直没有"完成"过什么东西。

一个好的创造者应该尽快把MVP发布出去，然后根据用户反馈不断优化，形成"构建—测量—学习"（build-measure-learn）的循环。

而你现在所处的职场就是最好的MVP生产地。

比如亚特兰大集团的首席执行官尼古拉斯·汤普森（Nicholas Thompson）在近年来的两份工作中，坚持每天在领英上更新一个视频，就科技事件评论，即使出差也不间断。这种垂直领域的专题评论很容易形成个人品牌效果。

要相信，你的需求也是别人的需求。留意你在工作中遇到的疑问、成长点，分享出来也会对别人有益处，从而满足商品"供应—需求"的特点。

假设你在某家公司实习，经历或许不是产品，但是基于实习经历写成的系统性总结报告可以算是MVP；阅读一本书不是产品，但是对书深入分析的评论文章可以算作MVP。它们会成为你才华的载体，让你的能量传播出去，大家会知道你是谁，你有什么，进而认识你并形成认知。

因此，从你的工作开始，好好积累你的"职务代表作"。

作品思维

想要打造代表作，还需要有**作品思维**。带着发表作品的期望，做事的质量就会不同。

因为作品体现了你的气质、品位与能力，所以它应当首先是为你自己创作的，是独特的，之后才能成为无可替代的，如村上春树、余华为良知写作。

作品也应当是一种交往，在作品中，你与打开作品的人产生互动，因此应该带着"倾听"创作，不断问自己："我想表达什么？我表达过这个意思了吗？首次接触的读者、使用者、观众能明白吗？"这样的作品才有温情。

因此，打造作品并不容易，要能坚守初心、布局全篇，还要能出成果。

米开朗琪罗一个人仰着头在脚手架上孤独地画了4年，一周7天，一天18个小时，创作出了含343个人物的《创世纪》壁画。

德云社阎鹤祥说："喜剧演员要真正成为明星，在戏曲行话里叫'成角'，不在于你掌握了多少绝活，而在于你要在长期的舞台实践中去打磨自己人性里可爱和智慧的样子。这个样子才是你被观众接受的核心原因。"

中国影史上动画电影票房第一的动画电影《哪吒之魔童降世》，其剧本创作用时2年，制作用时近3年，前前后后打磨了66个版本。导演饺子和他的团队用近5年的时间才交出作品，给了观众一次深度认识他们的机会。

举这些例子是想说明一个高价值、能穿透时间的作品是需要耗费极大心血与大量时间的。尤其是在你默默无闻时，要耐得住寂寞。

如果已经有了代表作，就能高枕无忧了吗？虽说"一招鲜，吃遍天"，但在这个快速迭代的时代，还有一句话"你不进步，就是退步"，因此我们需要持续输出。

持续输出

持续输出包括两方面，一方面是已有代表作可以持续迭代，另一方面是需要不断推出新的代表作。本章开头提及的凡·高、毕加索、诺兰等大家，没有一个是只出版单个作品的。只有当你的代表作越来越多时，你的个人品牌才不会被人遗忘。

持续输出，是创造者一生需要面对的挑战。如何做到持续输出？除了我们前面提到的坚毅力还需要科学的方法。

以写作为例，构建自己的内容库、工具箱，让你的创作更趁手。我在"写作"一章中提到的"卡片思维+素材库"，就是一个持续输出系统。

卡片是积累素材的专业手法，一流作家弗拉基米尔·纳博科夫（Vladimir Nabokov）、钱钟书、村上春树等都有自己的卡片库。创作大家斯蒂芬·金（Stephen King）更是认为"段落而非句子是写作的基本单位。在段落当中,意思是连贯的,段落中的词语可以表达更多的意义,而不仅仅以单词存在"。梁文道在自己的读书节目《一千零一夜》的一期中也表达:"做学问做研究的人都喜欢做阅读卡片,这种手法不分国籍不分时代,纳博科夫喜欢,村上春树喜欢,连钱钟书也喜欢。"

所以,我总结了一个公式:**持续输出 = 坚毅力 + 素材库 + 工具箱**。不管你是哪个领域的创作者,有了持续输出的系统,你就不用总是从头再来。

为作品找到 1000 个铁杆粉丝

知识创作者的个人品牌之路,背后的商业逻辑是创造者经济模式。这种模式借用凯文·凯利(Kevin Kelly)的提醒:"它不可能成为主流模式,也不会是唯一的模式,但对很多人来说是可尝试的模式。要想成功,你不需要百万粉丝,你只需要 1000 个铁杆粉丝就够了。只要你能获得他们持续的认可和消费,你就能够很好地生存。"

当然,你可以选择做大做强,为大企业工作。但也可以实现自我,走千名铁杆粉丝之路,掌握主动权。即使作为巨头社交网站的脸书也是先从拥有少量铁杆粉丝起步的。

因此,千万别小看 1000 个铁杆粉丝,没有 1000,何谈百万。

这里铁杆粉丝的定义为,会购买你创作的任何东西的人。

假设你是歌手，铁杆粉丝就是会为你的唱片买单、可以跨城市来听你唱歌的人。铁杆粉丝想拥有你出产的一切产品，并且乐此不疲。

关键在于，究竟如何获得 1000 个铁杆粉丝？

我有一个简约的答案：**真诚分享 + 平台工具 + 有效运营**。

比如知乎学习博主采铜，他是《精进》系列的作者，被誉为学习界"陪伴一代人成长"的意见领袖，他在知乎上运用自己积累的心理学知识回答青年人的提问，从而获邀出版书籍，该书被评选为亚马逊年度精选作品，他也因此组建了自己的读者社群。还有青年作家张萌，起初就是在微博随手分享自己的成长记录并收获大量关注，她常常送礼物"宠粉"与粉丝建立起深度连接，随后用社群运营的方式筛选出真正的铁杆粉丝并特别投入精力来关注。行动派联合创始人、青年作家婉萍，在视频号刚刚兴起时连播 100 天，从 0 开始积累了 2000 名粉丝，她也是只做了一件事，那就是毫无保留地分享，粉丝有任何疑问，她都会回答。

选好平台，坚持真诚利他的分享，如果你能每天增长一个新粉丝，只需三四年左右时间，就能积累 1000 个铁杆粉丝。大多数人都可以找到热爱自己作品的人。凯文·凯利提醒**"但你必须直接和粉丝打交道，出版商、影视公司、经纪人，这些中间环节都没有"**。当你与粉丝的交流足够多，他们在你的陪伴中获得成长，自然就会对你产生绝对信任，成为你的铁杆粉丝。

如果你的铁杆粉丝每年愿意花100元购买你的产品，你就会年入10万元。别小看这些数字，如果铁杆粉丝中有你的宣传者，他们还会帮忙推销你的作品，为你带来更多铁杆粉丝。

伴随去中心化模式的媒体兴起，每个人都有可能成功实现创作梦想。

一个人如果有"先开始"的勇气，在自己擅长的领域借助MVP打磨自己的手艺，并奔着出版作品去，还能耐住性子持续输出，怎么会不自带魅力？我想，时光不负有心人，与其羡慕舞台上闪闪发光的那个人，不如做闪闪发光的自己。用作品将自己的能力打包封装，告诉全世界吧！

要点提炼

- 三个公式：

  作品 = MVP + 作品思维 + 持续输出 + 1000个铁杆粉丝

  持续输出 = 坚毅力 + 素材库 + 工具箱

  1000个铁杆粉丝 = 真诚分享 + 平台工具 + 有效运营
- 一个人真正被人记住的是作品。
- 你现在所处的职场就是最好的MVP生产地，职务作品可以是你作品的起点。
- 我们应该花更多精力打磨作品，而非包装头衔、背景、经历。

实践练习

- 请思考并列出你工作或生活中遇到的需求,思考是否可以形成一个 MVP。

- 你是否相信"1000 个铁杆粉丝理论"?观察一下那些利用创造经济生活的人,分析他们是如何成功的。

- 如果你已经开始打磨自己的作品,请列出 10 种找到自己的 1000 个铁杆粉丝的方法。

第30章

跨界：不是从零到一，而是举一反三

> 所谓创造性，其实就是"不同想法的连接"。把两个视角加起来，你就获得了一对想法的连接，它能帮助你解决新的问题。
>
> ——斯科特·佩奇（Scott E. Page）《多样性红利》

未来，是一个人人需要跨界的时代。

"什么？！能做好一个领域就很不容易了，还要跨界？！"

是的，在不确定的时代，边界限定我们的可能，越会跨界的人，就拥有越多**可能性**。

接下来，我将就为什么要跨界、如何跨界、创造跨界人生这三个关键问题来和你交流。

为什么要跨界？

在个人品牌一章中，我曾提到"职业价值＝圈子 × 能力 × 特色"，当组织寿命缩短，个体蓬勃发展时，每个人都要加强对自己职业道路的规划，制定生存策略。如果职业上升通道变窄，那么就需要自定新方向，踏实走下去。

我们无法再像之前"一个萝卜一个坑"式地埋头苦干，而是需要"跨界"或者说"破圈"，为自己创造更多可能性。

提到"跨界"，你可能会想到国家边境线，或是品牌之间的联合营销，抑或是在不同领域都有卓越表现的"斜杠"高手。然而这个界，并不限于以上情形。

"边界"无处不在，有些更是无形。朋友与熟人、盟友与敌人，等等。只有先弄清楚边界在哪里，才能谈跨越边界。

比尔·盖茨基金会主任恩斯特·克里斯（Ernst Kris）等人在《跨越领导力：解决问题、推动创新、变革组织的六项实践》（*Boundary Spanning Leadership: Six Practices for Solring Problems, Driving Innovation, and Transforming Organizations*）中，阐述了现代领导者必须跨越的诸多边界。

- 纵向边界，比如层级、职位、资历、权限。
- 横向边界，比如领域、行业、单位、同事、专长。
- 利益相关者的边界，比如组织、合作伙伴、客户、股东等。

- 人口边界，比如性别、教育水平、意识形态。
- 地理边界，比如位置、文化、区域、市场、国家。

边界定义了职能，形成保护效果，但也容易因为职业分工的过于细化而陷入封闭与孤立的状态，降低一个人的开放度，从而"见木不见林"。比如，你可能并不知道你隔壁办公室的人在做什么，从而导致人力资源的浪费。

最值得深思的是，我们会受限于组织或专业领域，表现为因为上升通道有限，无法创造价值增长。

商业价值的关键在于"增长"价值或是创造"新"价值，跨界就是带来增长和创新的好方式。

最早提出创新必要性的经济学家约瑟夫·熊彼特（Joseph Schumpeter）将创新解释为"执行新的结合"。换句话说，就是对新的或已有的人、物、资金、信息等资源进行组合，也可以理解成打破原有边界。当我们打破单一性、超越边界，就可以创造新的可能性。

然而，跨界并不容易，需要一定条件才能成功。那么到底如何"跨界"呢？

如何跨界？

先来看一个例子。

如果我问你，中国谁是最会跨界的人？你会想到谁。

我想到的是苏东坡。你可能知道他的那句"大江东去，浪淘尽，千古风流人物"，他是诗人、词人和文学家，他还是音乐家，因为诗词歌赋不分家，他还是一个书画家，他写的《黄州寒食诗帖》被誉为"天下第三行书"。除了艺术上的造诣，生活上他是一个美食家，想想"东坡肉"这个名字就能品出一二。在职业上，苏东坡曾任礼部尚书，相当于现在的外交、文化部部长及民族事务委员会主任。而最让人意外的是，他还是一个工程师，为广州设计了中国最早的自来水装置。

体会一下，跨界不是一件随意的事情，苏东坡在每一个领域都是一流水平。

无独有偶，科学家吴军老师也是一个跨界达人。作为清华教师、谷歌科研人、硅谷科学家，同时还写书、投资。谈及想要成功跨界，他觉得有一个前提条件是**要先在某个领域里做成一件事**。毕竟"失败不是成功之母，成功才是成功之母"。因此，跨界不是"我不喜欢，没做成，我再换一个领域试试，也许有一天一不小心能蒙对一个"。其次，做一件事，不管是业余爱好还是工作外其他的事，要按照专业水平去做。

马斯克在谈到通识教育与专业教育时也曾说："我觉得对所有领域有一个大致的了解是很重要的。即使要做专才，也至少要精通两个领域，那样就可以把两个领域的知识相结合，这里面就蕴含大量的机会。"

所以到这里，我们可以感受到，**成功的跨界需要先在一个**

领域有所成，有意义的跨界不是单一技能的挪移而是思维模式的跨界。不是一个财务人从军工企业跳到奢侈品行业就是跨界，而是他能够在财务领域成功，也能在一个新领域成功，这个过程可能会用到他的财富思维。这才是真正的"举一反三"。

具体可以怎么做呢？

心态上直面恐惧，开始冒险

《好好表现：60秒快速构建强关系》的作者横石崇以研究自我介绍出名，他曾为自己确立一个行动准则——"一天一期一会"，即"每天至少认识一位新朋友"。这个朋友不一定是真人，也可能是书籍、电影、设计展、尝试一道新菜等。总之，要为自己创造机会接触以前不知道的世界，否则认识新朋友的机会就会溜走。如果总是和与自己相似的人在一起，就不会有新火花，甚至形成另一种"信息茧房"。

作者还鼓励大家在介绍自己时多分享自己的愿景和未来，因为只有谈及未来、没有发生的事情时才会有新的机会。毕竟新事物不可能从已经被安排的事中创造出来。

提高跨界能力最好的方法，就是敏感地觉察、体验"变化"。

创造摩擦机制，拥抱多样性

没有摩擦就没有火花。没有碰撞就没有化学反应。

软件公司欧特克（Autodesk）就是有意识地建立跨界团队

来保持自己在软件行业竞争力的。作为每隔几周就会更新的软件行业，学习就是一切。欧特克的未来学习部认为，最佳策略就是组织完全不同背景的人们共同分析。比如，你在 Autodesk 的一个团队里可以发现程序员、人类学博士和前军队将领同时存在。此外，在峰会中，团队成员会与战略合作伙伴以及来自世界各地不同领域的思想领袖探讨议题。多样性与峰会链接形式，这些都是"摩擦"机制。

同样，你也可以为自己的生活建立摩擦机制。比如，看书的时候可以同时阅读观点完全相反的两本书，在找合作者时也可以试着找与自己个性不同的人。

找到 H 型人才并合作

"跨界"也可以称作"合作"或"共创"，这也是现今时代人力资源对人才的寻找动向，即从 T 型人才的一专多广，到 π 型人才的两专多广，再到 H 型的可以沟通链接多方资源的跨界型人才，又称"枢纽型人才"。

如果拿音乐创作做比方，过去的职业是交响乐，大家各司其职，而跨界型人才就像是即兴创作的爵士合奏。《美感的力量》的作者山口周先生表示，"现在的社会，'正确的答案'会被商品化（Commodity）"。当创作出一个商品后很容易就被"复制—粘贴"，就像交响乐队的成员很容易被替代一样，只有不断创新，像爵士乐一样，才会有生生不息的生命力。

选择跨界的标准

跨界有两个评判标准：其一，要有复利效应，这代表着越早开始越好，并且这是可以帮你变现的。其二，不分心，新领域应当是对你的本职工作有帮助的。

选择跨界的领域应当是你真实感兴趣的领域，就像我们在"休息"一章里提到的深层游戏，托尔金的写作反而有助于他休息、收获事业。这样的跨界兴趣越早开始积累越好，并且要让自己达到专业水平。

创造跨界人生

许多人谈到跨界或斜杠时，最后总会说到创造多个收入管道的好处。在一定程度上，这是有道理的。但我更想说，跨界应该是一种生活方式。

这两者视角带来的不同，我在维克多·弗兰克尔（Viktor Frankl）的《夜与雾》和《活出生命的意义》中找到了答案。

作为精神病学家和心理学家的弗兰克尔曾身处纳粹集中营，他如何在绝境中保持希望？他凝视生命的意义，最后给出自己的答案：当问题不再是"我期待生命中的什么"，而变为"生命期待我的什么！""生命不断在向我们发问，我们需要给出答案，只有当我们能够回答这些问题时，我们才有可能实现生命的价值与意义"。

这就又回应了我们在目标一章中提到的"召唤"了，**如果你知道生命对你的期待，就能跨越任何边界。**

每"跨界"一次，就会斩获新的视角，眺望生命的新风景。我们还可以创造出世上尚未存在，或还没被定义的，独一无二的项目、工作和生活方式。

找回你小时候不厌其烦问"为什么"的好奇心，总想去新地方的"冒险精神"，跨越那些限制性的、被失望捆绑的、刻板的边界，邂逅生命新的可能性吧！

> **要点提炼**
>
> - 一个公式：跨界力 = 勇敢心态 + 摩擦机制 + H型人才 + 跨界标准。
> - 成功的跨界需要先在一个领域有所成，有意义的跨界不是单一技能的跨界而是思维模式的跨界。
> - 跨界应当以专业水平去做，而不仅仅是抱以尝试的心态。越早开始越好，而且确保你不会因此而分心。
> - 商业价值的关键在于"增长价值"或是"创造新价值"，跨界就是增长和创新的好方式。

> **实践练习**

- 请列出这一周你的"新奇计划",每天做些新尝试,制造新遇见。

- 请尝试和你的经历、背景完全不同的人交流观点,看看是否有新的可能性。

- 思考下身边有哪些 H 型人才,试着与对方合作,做一件彼此双赢的事情。

第31章
周期：百岁人生，超越多段周期的成长策略

> 时间存在的唯一理由，是使所有事情不在一起发生。
>
> ——阿尔伯特·爱因斯坦

什么是周期？

《周易·丰》借"月盈则亏，水满则溢"点出自然的周期；"时来天地皆同力，运去英雄不自由"，罗隐在《筹笔驿》慨叹大人物与时势周期的关系；智者所罗门更言"凡事都有定期，天下万物都有定时。生有时，死有时……"。人生的大事都有周期。周期是时间与生命的奥秘，我们只当心存敬畏，没有人能够对抗它。

周期的特点是循环往复，一轮来一轮走，但又不会完全一样。因此马克·吐温说："历史不会重复自己，但总是押着同样

的韵脚。"而切开历史的剖面细察时间，你会发现周期无处不在。人有生老病死，家庭有亲密疏远，组织有盛衰，国家有兴亡，这些不同的周期更是在你生命的剧本里相互嵌套。而当全球疫情暴发，美股罕见熔断 3 次时，"股神"巴菲特也觉得这是"活久见"，因此，当你活得够久，周期里的一切你都会经历。

关于周期，不用争辩，只需臣服与认识。在可努力的范围里把握自己成长的小周期，并尽量匹配时间的大周期，就是我们的幸运与可为空间。

与我们有关的周期变化

伴随伦敦商学院教授琳达·格拉顿（Lynda Gratton）在《百岁人生》（The 100-Year Life）中提出"百岁人生时代"概念，我们知道人类寿命延长已成趋势。有研究发现，富裕国家的人未来预期寿命能达到 100 岁。

同时伴随技术发展，行业颠覆速度加快。有统计表示，1955 年，一家世界 500 强企业的平均寿命是 75 年，而到 2015 年，这个数字就下降到 15 年，未来可能更短。

你活得更久了，而公司寿命更短了，你服务的企业可能比你先"倒下"，这种趋势使得过去"受教育—工作—退休"三段式人生模式被打破，使得"受教育—工作 1—学习—工作 2—学习—工作 3……"的多段式人生成为常态。

综上，我们正在经历三重周期的变化：其一，生命周期的时长大概率会增加；其二，因为技术发展，企业寿命缩短，一份工作的周期也会跟着缩短，导致多段式工作模式变成常态；其三，部分知识、技能使用周期缩短，我们的学习速度需要加快，只有终身学习，不断升级，才不会出局。

变化带来的不确定性难免使人焦虑，然而智者查理·芒格说："要得到你想要的某样东西，最可靠的办法是让你自己配得上它。"想要超越周期，寻求可靠的办法与策略，我们需要抓住确定性。

我将这种策略用4个词定义：**有复利、快学习、笨功夫、平常心**。

接下来，让我们逐一来看。

超越周期

有复利

一个长周期里，在对的时间与对的人一起做对的事，才能不断放大价值。毕竟选择对的事情，实现长期主义才有价值。和对的人有效合作，共创价值，在对的时机做事，才能实现周期向上的良性循环。

我们打理好以下四样资产，就是在做对的事。

- **生命力资产**。包括健康与朋友。健康不言而喻，而朋友则是在变化过程中促使你跨界的连接器。
- **财务资产**。不要陷入"人活着，钱没了"的窘境，尽早打理好自己的财务，跑赢通货膨胀。
- **生产力资产**。不间断地提升自己的知识和技能，武装大脑。
- **转型资产**。也就是应对变化的能力。学会拥抱多样性，创造自己的跨界人生，但其中最重要的就是"认识你自己"。因为前人的经验与知识会过时，科技在服务你的同时也会塑造你的行为。

就像赫拉利的警示："如果不当心的话，科技会开始支配你的意志，将你纳入它的范式中加以奴役。因此，你一定要比别人、比机器更了解自己，了解你此生真正想要的东西。正如刻在阿波罗神庙上的箴言一样，'认识你自己'。"这是最重要也是最容易忽略的资产。

快学习

对于多段式生涯模式，全球最大商业社交网站领英的创始人里德·霍夫曼（Reid Hoffman）的观点是，"职业生涯就像一个没有梯子的立体铁架（jungle gym）。职业道路不是一条只能选择向上或向下的笔直阶梯，它更像一个立体铁架，在不竭的轨迹中向下移动和横向移动"。

想要让你的事业和人生像一个立体铁架,就需要不断打磨自己的学习系统,让工作、休息、玩耍能够轮番有效进行,既是多段式人生,也可以是多模式的切换,让自己享受漫长的"工作期"。

笨功夫

所谓笨功夫,就不得不提到曾国藩。他在清末国倾之际力挽狂澜,做官几十年不倒,超越了政治上的不确定性。

他有一条著名策略就是"**结硬寨,打呆仗**"。比如他带领湘军打仗,每到一处,先不着急开战,而是干 3 件事:挖沟、砌墙、站墙子。先环绕营地挖出两条深沟,再沿沟筑起两道高墙,军队分三班,两班睡觉,一班轮流站岗,就这样把自己保护起来。第二天再用半天行军三十里[①],用半天挖沟砌墙扎营,就这样一天天推进,进程很慢。

这种方法有什么好处呢?太平军本来作战经验十分丰富,城墙坚固设备精良,如果在城中迎战,就有绝对优势。可是曾国藩用这个战术,太平军拿他一点办法都没有。两道深沟一方面切断了太平军城中的粮草接济,另一方面抵抗了外部援兵的攻击。最后太平军没办法只好出城突围,也就失去了他们最初的优势,湘军趁机反客为主。

---

① 1 里 =0.5 千米。——编者注

稳扎稳打，以静制动，自固为本，看起来笨拙的方法，但是底盘扎实，也是打胜仗的关键。

未来的世界也是如此，优势不一定常常属于你，但如果可以减少自己的干扰项，不走捷径，每一步稳扎稳打，总会抓住一次周期机会。

平常心

时代的一粒沙，落在普通人身上就是一座山。因为不确定性太多，所以我们会感到焦虑。

字节跳动创始人张一鸣曾在公司9周年时发表演讲，"面对不确定性，平常心就是应对法宝"。

什么是平常心？就是好好吃饭，好好睡觉。

《当下的力量》(*The Power of Now*)一书中有句名言，"所有的消极都是由心理时间的累积和对当下的否定造成的。不安、焦虑、紧张、压力、忧虑——一切的恐惧都因过于关注未来而引起；愧疚、遗憾、怨恨、委屈、悲伤、苦涩——一切的不宽恕都因过分关注过去而出现"。说白了就是我们的"心理时钟"，在"过去—当下—未来"中来回晃悠，难以安然。

做好自己的分内事、手头事，少些执念和杂念，就会少些内耗和动作变形，慢慢产生影响力，从而做好更多事，影响更多人。

到这里，你可能会发现，在穿越周期的过程中更多的还是和周期共处，在外在的波澜中找到心安之地，先做最好的自己。

撒切尔夫人曾说："注意你的思想，因为它们会成为话语。注意你的话语，因为它们会成为行为。注意你的行为，因为它们会成为习惯。注意你的习惯，因为它们会成为性格。注意你的性格，因为它会成为你的命运。我们想什么，我们就会成为什么。"

请在时间的旅行中用平常心做非常事，守拙力行，等候复利。

要点提炼

- 一个公式：穿越周期 = 有复利 + 快学习 + 笨功夫 + 平常心
- 周期是时间与生命的奥秘，我们应当心存敬畏，没有人能够对抗周期。
- 在可努力的范围里把握自己成长的小周期，并尽量匹配时间的大周期，就是我们的幸运与可为空间。
- 寿命大概率会延长。由于技术发展，企业寿命缩短，一份工作的周期会跟着缩短，使多段式工作模式变成常态。部分知识、技能使用周期会缩短，我们需要加快学习速度，只有终身学习，才不会出局。

实践练习

- 你对周期的感知与理解是什么样的？过去你经历过什么周期，或正在经历什么周期？

- 面对多段式人生的可能性，你的心情如何？是乐观的还是悲观的？为了迎接变化，你可以从现在开始为书中提到的四种资产（生命力资产、财务资产、生产力资产、转型资产）做哪些准备？

- 你的"心理时钟"是否能够指向当下呢？还是在"过去—当下—未来"中来回晃悠，难以安然？当它不停摆动时你是什么感受，这会给你带来怎样的影响？

后 记
学习与生活，都不像公式这样简单

能够看到这里，你真是一个非常有耐心的人！

书的作者虽然只有一人，但一本书是一群人的努力成果。

感谢我的先生，是他无条件地支持我的写作爱好，鼓励我为梦想而投入，才能有这本书的开始。遇见他，是我今生的幸运。

感谢我的家人无数次为我加油打气。我的父亲，从小教育我励志向上，保持积极的人生态度，让我受用至今。我的母亲，以极大的包容、善良、忍耐的爱，塑造了今日有韧性的我。还有我的公公，言传身教的卓越追求与放手的教育态度，为我们家庭树立了终身学习的榜样，提供了自由的空间。我的婆婆，热情又乐于付出，作为"家庭外交家"，极好地展示了"情商"的魅力，因为她才有一大家子的和和美美。

感谢我的编辑老师，在茫茫选题中挑中了我的故事，铸就了这一段奇妙的合作关系。写书期间，因为有你耐心地编辑与反馈，不吝啬地肯定与鼓励，我才能更有信心地书写内容。

感谢秋叶团队的牵线与推荐，还有这个过程中不厌其烦反馈建议给我，陪伴我最长时间的郑智老师，以及我的"红娘"可白老师，让出版一事变得顺利。

感谢"世界之光"工作团队爱德华（Edward）、薇薇安

（Vivian）、瓦力（Walle）、伊娃（Eva）给予的空间与信任，我的导师Vivian用智慧与相信不断引领我走在正确的道路上。还有支持我写作的"光点"家人，你们的爱与浇灌是我今生最大的满足之一。

感谢我的朋友欢喜还有创作营的小伙伴们，如同那句智慧的谚语"一个人走得快，一群人才能走得远"，没有你们就没有能坚持到今天的我。

感谢将本书的文字整理成册的中国科学技术出版社的朋友，出版真是一件精细又极其利他的事业。可以说，写这样一本书是我做过的个人力量最小的事情。

感谢我还未曾谋面的孩子，决定生小孩将是我这辈子最伟大的壮举之一。因为你的到来，让我重新理解生命的意义与追求，体悟创造的美意，好好沉淀过去人生的积累。我把我的创作力也归功于你，这本书既是我回馈给世界的，也是我送给你的礼物之一。

感谢看到这里的朋友，你！

在这个快节奏的时代，可以坐下来静静地翻阅一本书是一种奢侈，感谢命运之手，让我们借着文字相遇。

虽然为了信息更加简洁，我用了许多公式来提炼方法，但是我想说："学习与生活，都不会像公式这样简单。"无论你用什么方式，能够让自己更好地学习都是正确的方法，我只是样本之一。每一个寻求成长的人都是了不起的学习者！

最后，感谢伟大的智者，让人类世界变得璀璨闪耀，我得以采摘些许星光。请允许我郑重地在"推荐阅读"中一一列下。

我爱你们！

让我们一起把成长这场无限游戏玩下去！

推荐阅读

第一部分

《无限的游戏》[英]西蒙·斯涅克

《动机心理学》[美]爱德华·伯克利[美]梅利莎·伯克利

《如何达成目标》[美]海蒂·格兰特·霍尔沃森

《跨越不可能》[美]史蒂芬·科特勒

《驱动力》[英]丹尼尔·平克

《好奇心:保持对未知世界永不停息的热情》[英]伊恩·莱斯利

《坚毅》[美]安杰拉·达克沃思

《终身成长》[美]卡罗尔·德韦克

第二部分

《我的世界观》[美]阿尔伯特·爱因斯坦

《学习的本质》[法]安德烈·焦尔当

《超负荷的大脑:信息过载与工作记忆的极限》[瑞典]托克尔·克林贝里

《人是如何学习的：大脑、心理、经验和学校》[美]约翰·D.布兰思福特等

《人是如何学习的Ⅱ：学习者、境脉与文化》[美]科拉·巴格利·马特雷

《教育神经科学》[英]丹尼斯·马雷莎尔、布赖恩·巴特沃思、安迪·托尔米

《有序：关于心智效率的认知科学》[美]丹尼尔·列维汀

《盖洛普优势识别器2.0》[美]汤姆·拉思

《如何阅读一本书》[美]莫提默·J.艾德勒 查尔斯·范多伦

《这样读书就够了》赵周

《学会提问》[美]尼尔·布朗、斯图尔特·基利

《学习之道》[美]芭芭拉·奥克利

《学习、创造与使用知识：概念图促进企业和学校的学习改革》[美]约瑟夫·D.诺瓦克

《情商》[美]丹尼尔·戈尔曼

《富兰克林自传》[美]本杰明·富兰克林

《富兰克林传》[美]沃尔特·艾萨克森

《反惰性：如何成为具有超强行动力的人》[德]加布里埃尔·厄廷根

《习惯的力量》[美]查尔斯·都希格

《掌控习惯》[美]詹姆斯·克利尔

《坚持，一种可以养成的习惯》[日]古川武士

《上瘾》[美]尼尔·埃亚尔、瑞安·胡佛
《微习惯》[美]斯蒂芬·盖斯
《福格行为模型》[美]B.J. 福格
《心流：最优体验心理学》[美]米哈里·契克森米哈赖
《最小阻力之路》[美]罗伯特·弗里茨
《科学休息：迅速恢复精力的高效休息法》[美]亚历克斯·索勇 – 金·庞
《异类》[加]马尔科姆·格拉德威尔
《刻意练习：如何从新手到大师》[美]安德斯·艾利克森 罗伯特·普尔
《金字塔原理：思考、表达和解决问题的逻辑》[美]芭芭拉·明托
《创造力：心流与创新心理学》[美]米哈里·契克森米哈赖
《创造力曲线》[美]艾伦·甘尼特

第三部分

《峰帅·个人品牌放大器》峰帅
《高效能人士的七个习惯》《个人可持续发展精要》[美]史蒂芬·柯维
《定位》系列 [美]杰克·特劳特
《纳瓦尔宝典：财富与幸福指南》[美]埃里克·乔根森
《内在动机：自主掌控人生的力量》[美]爱德华·L. 德西等

《穷爸爸富爸爸》[美]罗伯特·清崎

《好好表现：60秒快速构建强关系》[日]横石崇

《卡片笔记写作法：如何实现从阅读到写作》[德]申克·阿伦斯

《智识的生产技术》[日]梅棹忠夫

《写作这回事》[美]斯蒂芬·金

《写作法宝：非虚构写作指南》[美]威廉·津瑟

《失控》[美]凯文·凯利

《百岁人生：长寿时代的生活和工作》[英]琳达·格拉顿

其他资源

见感思行卡片思想原创自欢喜老师的《写作系统课》

纪录片《走进比尔：解码比尔·盖茨》